徳間文庫

がばいばあちゃんの

# 幸せのトランク

島田洋七

徳間書店

目次

〈扉イラスト・伊波二郎〉

# まえがき

こんにちは。島田洋七です。

この本を手にとってくれている皆さん、ありがとうございます。

さて、本文を始める前に、少しだけこの本の紹介をさせてください。

俺は、２００１年に幼い頃の思い出を綴《つづ》った、『佐賀のがばいばあちゃん』という本を出版しました。

俺を育ててくれた、がばい（すごい）ばあちゃんのことを、みんなに知って欲しかったからです。

そして、ばあちゃんの話はみんなに愛され、この春には映画になります。

このヒットに、俺は驚いていると同時に、「やっぱりなあ」と納得する気持ちもあります。

ばあちゃんというのは、やはり、それだけ魅力のある人なのです。

それにしても、人生というのはつくづく不思議なものです。

いつも通知票は1と2ばっかりで、『大丈夫。足したら5になる。人生は総合力』と、ばあちゃんに慰められていた俺が、この本をきっかけに、講演までさせていただくようになったのですから。

やっぱり、人生は本音で生きないとダメなようです。

正直、漫才ブームでアイドル並みに売れていた頃の俺（今の若い人は知らないかも知れませんが、そんな時代もあったんです！）は、貧乏な家の話をするなんて、格好悪いと思っていました。

できれば、みじめな昔話なんて消しゴムで消してしまいたかった。

芸能人なんだから、お金をバンバン使って、女ともバンバン遊んで、派手にやっているところを見せなきゃ！　なんて考えて、景気のいいホラ話をぶち上げ続けたものです。

でも、今回は覚悟を決めました。

漫才ブームの頃にも、実は俺には格好悪いところや弱いところがいっぱいでし

た。

そして、そんなダメな俺を、やっぱり励まし続けてくれたのは、ばあちゃんであり、家族でした。

いつも大ボラを吹いている、強気の俺としては、ちょっと恥ずかしいけど、『ばあちゃんの話の続きを読みたい』と言ってくださる皆さんのため、勇気をもって書きました。

きっとまた、ばあちゃんの言葉が、皆さんを励ましてくれることと思います。

それでは『佐賀のがばいばあちゃん』のその後、スタートです！

# ～プロローグ～

幼い頃、原爆症でとうちゃんを亡くした俺・徳永昭広《とくながあきひろ》は、小学校二年生から中学三年生まで、佐賀のばあちゃんに預けられて育った。かあちゃんが側《そば》にいない寂しさは大きかったが、貧乏ながら底抜けに明るいばあちゃんとの暮らしは毎日が楽しくて、俺はいつの間にか佐賀が大好きになっていた。

それは、ずっと広島のかあちゃんと暮らすのを夢見ていたのに、高校生になっても、佐賀にいてもいいと思うくらい楽しい日々だった。

けれど、広島の広陵高校へ、野球部の特待生として入学が決まった時、俺はやっぱり佐賀を離れようと決心した。

そう、俺の夢は甲子園。そしてプロの野球選手！

十五歳の俺は、心を躍らせて、夢への第一歩を踏み出したのだ!!

さすがに野球の名門だけあって、広陵高校野球部の練習はきつかったが、俺はもちろん、音《ね》を上げたりしなかった。

くる日も、くる日も、朝から晩まで練習に励んだ。

本当に、スポ根ドラマみたいに。

ところが、なんと悲劇までスポ根ドラマのように用意されていた。

俺は大きな怪我《けが》を負い、野球を諦めなければならなくなってしまったのだ。

高校二年生。まだ、憧れの甲子園の土を踏みもしないままに。

悔しいとか悲しいとか、そんな言葉さえ浮かんでこなかった。

卒業の日まで、グラウンドで練習している野球部を見ることもできなかった。

今思えば、残りの高校生活の間、俺は死んだも同然だったと思う。

もちろん、ばあちゃんゆずりの明るさが取り柄の俺のこと。

毎日、沈み込んでいるわけではなかったけれど、勉強に励むでもなく、何か趣味を見つけるでもなく、ただただ、無為に日々を送るばかり。

それは高校卒業後も続き、広島市内の大学に進んだものの、たった二ヶ月で辞

めてしまったのだった。

女手ひとつで俺と兄ちゃんを育ててくれたかあちゃんは、何十万円もの入学金を無駄にした俺を、なぜか責めることはしなかった。

その後は、ぶらぶらしているわけにもいかず、俺は八百屋でアルバイトを始めた。

なんとなく始めたバイトだったが、仕事はそれなりに面白く、免許を取った俺は、店で働くほかにも、よそへ野菜を売りに行ったりと商売に精を出し、六万円という、当時としては破格の給料をもらうようにもなった（多分、その頃の広島では三万円くらいの給料が一般的だったと思う）。

忙しく働き、休日には給料を貯《た》めて買った中古車のセドリックを乗り回す。

周囲の人には、俺がようやく落ち着きを取り戻したと見えたようだった。

けれど俺には、そんな順調に見える日々の中でも、いつも心の底につきまとう暗い影があった。

『早稲田・田中、二打席連続ホームラン！』

『法政・山本、完封!!』

かつての同級生たちが新聞の紙面を賑《にぎ》わすたび、心の底の影は、何かいい知れないもやもやとなって、喉元にまで上がってくる。

俺が高校三年生の時、広陵は甲子園で準優勝を果たし、同級生の野球部員たちはみな、名門大学にスカウトされていったのだった。

大きな夢を失った喪失感は、まだ俺の心の中にくすぶっていた。

そして、そんな思いを抱えたまま、それでも日々は過ぎていき、十九歳の夏がやってきた。

夏休みになると、東京や大阪の大学に進んだ同級生たちが続々と帰省してくる。

もちろん、野球部の仲間だった連中も。

自然に、みんなで会おうという話になった。

「東京は、いいぞー」

「都会は、楽しいぞー」

そんな風に言う、友だちの輝く笑顔を見ていると、自慢の愛車セドリックも色《いろ》褪《あ》せて感じられる。

酒造メーカーだか醤油会社だかの社名が白く染め抜かれた、紺の前掛けをして、

八百屋の店先に立っている自分が、ひどくみじめに思えてきた。
そして俺は、八百屋のバイトさえ辞めてしまったのだった。
俺は、車を走らせた。
佐賀へ。
ばあちゃんのところへ。
何だか分からない、このもやもやから抜け出したくて。
ばあちゃんならきっと、俺に答えをくれるに違いない!!

# 第1章　運命のイタズラの、出会い!?

佐賀に住む俺のばあちゃんは、若くしてじいちゃんに先立たれ、学校の掃除婦をしながら、俺のかあちゃんを筆頭とする七人もの子どもを育て上げた人だ。

といっても悲壮感はまるでなく、上流にある市場で、売り物にならずに捨てられた、曲がったキュウリや二股の大根を、家の前を流れる川から拾い上げて食べるような極貧生活の中でも、川のことを『うち専属のスーパーマーケット』と呼び、『配達までしてくれる』『勘定もせんでよか』などと笑い飛ばしていた、とてつもなく明るいばあちゃんである（この辺りのお話は、前作『佐賀のがばいばあちゃん』で、どうぞ）。

この頃には、長男一家と同居していて、何の不自由もない暮らしのはずだが、健康のためと称して、相変わらずキツイ掃除婦の仕事を続けていた。

さて、十九歳の夏、傷心で佐賀に辿《たど》り着いた俺が、早速、八百屋のアルバイトも辞めてしまったと話すと、ばあちゃんは、

「やめたんなら、仕方なか」

拍子抜けするほど、あっけらかんと言い放ち、カラカラと笑った。

すると俺は、悩んでいる自分がバカバカしくなってしまう。

ばあちゃんと話すといつもそうなのだが、問題が解決してもしなくても、何だか生きる力がわいてくるのだ。

気を取り直した俺は、せっかく佐賀に来たのだからと、中学時代の友人、クリーニング屋の橋口くんを呼びだすことにした。

橋口くんは中学時代、野球部のキャプテンだった俺に、

「キャプテンなんだから、ピシッとしないと！」

と、毎週末、クリーニングに出された洗濯物の山の中に、こっそり俺の制服を紛れ込ませてくれた恩人である。

久しぶりに会った俺たちは、積もる話をしようと喫茶店に入ることにした。

喫茶店のドアを開けると、

「あれ？　橋口くん」

テーブル席にいた、五～六人の女の子グループのひとりが、橋口くんに声をか

けてきた。

「おう！」

橋口くんが笑顔で答えると、

「誰？」

彼女は、俺を見ながら橋口くんに聞いた。

「徳永くん。広島の友だち」

橋口くんが答えると、女の子たちは、いきなり興味津々の目を俺に向けてくる。

「すごい、都会の人じゃない」

ひとりの女の子が言った。

「わあ、広島の話、して、して」

別の女の子は、そうせがんだ。

東京や大阪に行った同級生たちを指をくわえて見ていた俺だったが、佐賀では広島も、まだまだカッコいい大都会らしい。

結局、俺たちは女の子グループのいた席に座り込み、二時間くらいワイワイと楽しい時間を過ごしたのだった。

そして翌日。

俺は、駅前デパートのネクタイ売り場を物欲しそうにうろついていた。

昨日の女の子グループにいたひとりの女子にトキメキを感じた俺は、彼女がデパートのネクタイ売り場に勤めていると言ったのをしっかりと心に留め、いそいそとやってきたのだ。

思えば、あんなに悩んでいたはずなのに、立ち直りの早い男である。

さて、ネクタイを選んでいるふりなどしながら、キョロキョロと辺りを窺《うかが》う俺だったが、一向に、あの可愛らしい顔は見えない。

「おかしいなあ」

思いながら、ふと見ると、見覚えのある人がいた。

俺のトキメいた人とは別人だが、やはり昨日、喫茶店にいた女の子が、売り場の片隅で、何やら伝票を熱心に見ているのだった。

「あのぉ、すみません」

俺は、憧れの女子について聞いてみようと、勇気を出して声をかける。

「あら、昨日の広島の人」

幸い彼女は、俺のことをすぐに分かってくれた。

「どうしたの？」

本当に驚いたように、素直に聞く彼女に、俺は困ってしまい、頭をかきかき、口ごもった。

「えっと……たしか、ここに……」

「ああ」

彼女は、突然意味ありげな笑顔を浮かべた。

「可愛いから、来たんでしょ？」

からかうような口調で言う。

さすが俺がときめいただけあって、ネクタイ売り場の彼女は人気者らしい。

ところが、

「彼女ね、今日は休みみたい」

伝票を整理していた女の子は、ちょっと気の毒そうに言う。

「そうか」

俺が、よほどガッカリしたように見えたのか、

「私、副島律子《そえじまりつこ》。このデパートの経理課にいると。彼女のこと聞いて教えたげるから、明日、電話してくれる？」

副島さんという女の子は、親切にそう言ってくれた。

翌日、広島へ帰った俺は、教えられたデパートの経理課に電話をし、副島さんを呼びだした。

けれど、憧れの人は今日も休んでいると言う。

「あのぉ、明日またかけていいですか」

あきらめ切れない俺が、厚かましくもそう聞くと、

「いいけど。じゃあ、十二時半から一時頃にしてくれる？　昼休みだけど、席に戻ってるようにするから」

副島さんは、快く応じてくれた。

翌日、アルバイトもなく一日中暇な俺は、十二時半きっかりに電話をする。

「なんかねえ、一週間くらい休むって連絡があったらしいわ」

「そうですか……」

さすがに俺は、明日も電話していいですかとは言い出せなかったが、副島さん

は、またまた親切な提案をしてくれる。

「良かったら、夜、家の方に電話くれる？　彼女の家に電話して、直接、様子を聞いてみるから。七時半には帰ってるわ」

俺は、副島さんの言葉に甘えることにした。

七時半きっかり。

教えてもらった自宅の番号に電話をすると、副島さんは、俺の憧れの人は風邪をこじらせているらしいと教えてくれた。

「あの……また電話しても、いいですか」

俺が聞くと、

「いいよ」

副島さんは、気さくにそう言ってくれた。

それから、俺と副島さんは毎日、電話で話すようになった。

はじめのうちこそ、憧れの人について、

「風邪、どうかなあ？」

「今日も、休んでたわ」

などという会話が交わされていたが、三度、四度と話すうち、どちらからともなく、彼女の話題はまったく出なくなってしまった。

そう、俺の気持ちはだんだんと、親切な副島さんに傾いてきていたのだった。

副島さんと俺は、同い年だった。

そして、副島さんの出身校である佐賀商業高校には、俺の中学時代の友だちが何人も通っていたので、彼女も俺に親しみを感じてくれているようだった。

俺と副島さんの会話は、同級生の噂話で弾む。

「そんなら佐賀商業にいた、岡村とか松本とか知ってる？」

「ああ、野球部の人」

「そう、そう。中学の時、俺が野球部のキャプテンで松本が副キャプテンやったと。松本は、佐賀でナンバー1のキャッチャーって言われてた奴やぞ」

話しているうちに、俺は副島さんに、友だちは早稲田や法政の野球部で活躍しているのに、自分は怪我で甲子園にも出られなくて悔しかったなどということまで打ち明けてしまっていた。

副島さんも、そんな俺に心を許してくれ、

「毎日、退屈。家の前がバス停で、デパートの前もバス停。毎日、バスに乗ってデパートに行って、仕事して、またバスに乗って帰ってくるだけ。あーあー、つまんない」

なんて愚痴もこぼすようになった。

副島さんの友だちにも、大阪や東京に就職したり、進学したりした人がいて、彼女もうらやましく思っているらしく、俺たちは似たような境遇にあったのだ。

そして俺は、いつしか副島さんを『りっちゃん』と呼ぶようになっていた。

さらに、電話で話すだけの間柄なのに、

「結婚しようか」

「うん」

そんな会話まで、飛び出した。

今で言う、遠距離恋愛というやつである。

そうなると、もう電話だけなんてつまらない。

「りっちゃん、次の休みいつ？」

「えっと、九月〇日」

「ドライブ行こうか？」

「うん！」

初めての電話から、一ヶ月半が経《た》った頃のことだった。

俺はもう嬉しくて嬉しくてたまらなかったが、それはりっちゃんも同じだったらしく、ゆっくりデートを楽しめるよう、都合をつけて連休までとってくれたと言う。

俺たちは朝早く、彼女の働くデパートの前で待ち合わせをすることに決めた。

俺は、当時流行《はや》っていたオーバーオールのジーンズに身を包み、セドリックを走らせる。

そして、洒落《しゃれ》た小道具として、ばあちゃんの家で飼っていた小型の室内犬を抱えてデパートの前でりっちゃんを待った。

が、その時、はたと気がついた。

「りっちゃんって、どんな顔やったっけ？」

電話では散々、「好き」「私も」などと盛り上がっていた俺たちだったが、一番長く一緒にいたのは、はじめて会った喫茶店の二時間で、その間、俺はネクタイ

売り場の彼女にメロメロだった。

翌日は、デパートでちらりと会っただけである。あれから二ヶ月が経《た》っているのだから、分かるはずがない。

俺は、犬を抱いたまま途方に暮れた。

それでも、何とかりっちゃんを見つけようと、キョロキョロしていると、向こうから笑いかけてくる人がいる。

条件反射で、俺も笑った。

「顔、忘れてたでしょ?」

「うん。ごめん」

これが初デートの、俺とりっちゃんがはじめて交わした言葉であった。

俺たちは、一旦、犬を家に置いて、唐津の海まで遠出することにした。

唐津の海はどこまでも青く、シーサイドホテルは外国映画のようにお洒落だった。

そして、そのシチュエーションに、俺たちは舞い上がってしまった。

まるで青春ドラマのように、手をつないで笑い合いながら白い砂浜を走る。

「りっちゃん、走って！」

「そう、そこで振り向いて！」

俺は、りっちゃんに砂浜を走らせたり、グラビアのアイドルのように爽《さわ》やかなポーズをとらせ、カメラのシャッターを切りまくった。

もちろん、ほかの観光客に頼んで、仲良くふたりでピースサインを出しているところなども撮る。

が！

俺たちが、その写真を見ることはなかった。

なぜなら、フィルムが巻けていなかったからだ。

当時は、デジタルカメラなどなくフィルム式。

しかも、フィルムも自動巻きではなかったから、素人《しろうと》がやると、巻けていなくて失敗することも多かった。

がしかし、そんなことを百も承知の俺たちは、大事な大事な記念の写真が撮れていなかったなんてことのないよう、ちゃんとカメラ屋さんで、フィルムを入れ

てもらっていたというのに！

フィルムも巻けていないのに、あの爽やかなポーズや笑顔をつくっていたと思うと、俺たちはさすがに、ちょっと顔が赤くなったのだった。

さて、そんなハプニングはあったものの、俺とりっちゃんは本当に気が合った。それも趣味が合うとか、お互いの顔が好みのタイプであるとかではない。

都会へ出たい〰〰〰〰〰！！！！！！！！　という強い思いが、ふたりに共通していたのだ。

「とにかく、行ったことないし、東京へ行ってみたいなあ」

俺が言うと、

「私も、行ってみたい」

りっちゃんも、熱い口調で同意する。

「それやったら、ほんまに結婚する？」

そんな言葉も、そっと口にしてみると、

「うん、する！　する！」

りっちゃんは、びっくりするほど乗り気である。

「そうか。じゃあ家族にも言わないとなあ」

「うん」

「りっちゃん、これから広島へ来る？」

「行く、行く」

まさにトントン拍子で話は進み、俺たちはその日のうちに、唐津から五時間かけて、広島の俺の家へ行くことになった。

この分では今日中に佐賀へ帰れそうにないので、りっちゃんは途中で弟の通《とお》る電話をかけ、友だちの家へ泊まると両親への伝言を頼む。

何でもこの弟には、日頃からお小遣いをあげたり、いろんなものを買ってやっているので、りっちゃんに逆らうことはないそうである。

こうなると、俺には、りっちゃんが連休をとっていたことさえ、運命のように思えた。

運命の出会いによって結ばれた俺たちは、電撃結婚というやつをするのだ!!

家へ着くなり、俺はお袋と兄貴にりっちゃんを紹介し、

「結婚したい」

と宣言した。

当時、家にはかあちゃんと兄貴夫婦が同居していたのだ。

ところが、かあちゃんはあっさりと言う。

「仕事もしてないのに、何が結婚よ。ねえ、律子さん?」

すると、驚いたことに、りっちゃんも、

「そうですよねえ」

と返事したのだった!

そうですよねえ?

じゃあ、あの唐津の海での、トントン拍子は何だったのだ!?

けれど、俺の心の叫びなど、誰にも聞こえはしない。

「冗談じゃないわよねえ、律子さん」

「不安よねえ、律子さん」

「彼女のためにも、まず、仕事しろや」

その後は、家族みんなが口々に俺を責め、りっちゃんに同情的な発言を繰り返

した。

そして、りっちゃんも、

「そうですよねえ」

を繰り返しているのだった。

結局、その日は、りっちゃんに家に泊まってもらい、翌日、佐賀まで送っていくことにした。

佐賀への帰り道。

それでも、りっちゃんと離れたくない俺は、途中にあった動物園に寄り道してみたりする。

そして、昨日の夜から考えていたことを、りっちゃんに切り出した。

「俺、佐賀に戻ったら、一か八か、りっちゃんのお父さんに言ってみようかなあ?」

「え?」

「結婚させてくださいって」

「でも……うちのお父さん、怖いよ。漁師で、身体《からだ》も大きいし」

漁師？

そんな事実は、今、初めて知った。

ばあちゃんとかあちゃんという、女手で育てられた俺にとって、漁師なんて、海の荒くれ男ってイメージですごく怖く思えた。

が、ここでひるむわけにはいかない。

俺は、自分を励ますように言った。

「いや、まあ、そんな人に限って優しいかも知れんし」

「でも、仕事のことはどう言うの？」

昨日、うちの家族に反対された理由は、俺ももっともだと思っていたので（多分、りっちゃんもそう思ったから、「そうですよねえ」と返事していたのだろう）、その対策は考えていた。

「あのな、今は仕事してないけど、結婚して東京に出て、真面目に働くって言おうと思う」

「そう。じゃあ、会ってみる？」

そして、俺たちは佐賀のりっちゃんの家に着いた。

果たして、りっちゃんのお父さんは……、

「バカ野郎〰〰〰!!」

家の奥から、ものすごいドスの利いた怒声が聞こえただけで、俺は会ってももらえなかったのであった。

考えてみれば、娘がはじめて連れてきた男に、いきなり結婚の申し込みをしたいなんて言われても、父親が会いたくないのは当然のことであろう。

けれど、そんなことにも気づかないほど、その時、俺の気持ちは高ぶっていたのである。

# 第2章　まさかの、駆け落ち

「俺、東京に行こうと思う」

広島に帰った俺は、またブラブラと日を送っていたが、翌年の春、突然家族にそう言った。

「また、そんな夢みたいなことばっかり」

「それより、早く仕事しなさい」

そんな風に咎《とが》められるに違いないと思いながら。

ところが！

「分かった、頑張りなさい」

などと励まされるのだから、困ってしまった。

なぜ困るかというと、実はすっかり気持ちの高まっていた俺は、去年の夏、りっちゃんのお父さんに追い返された後、駆け落ちの約束をしていたからだった。

「東京行くから、一緒に行こう？　都会は楽しいとよ」

あの時は、そんな言葉が、自分の口からスラスラと出てきた。

「うん。行きたい。いつにする？」

りっちゃんは、こんな大それた計画にも、相変わらずはきはきと返事をした。

決していい加減な気持ちで口説いていたのではなかったが、日程まで聞かれると、さすがに俺はひるんだ。

「とりあえず、広島に戻って連絡すると」

「分かった。待ってるね」

りっちゃんは、真剣な表情で頷《うなず》いたのだった。

もちろん、俺だって、りっちゃんと離れたくはない。

けれど、ひとり広島へ帰る車の中で考えれば考えるほど、りっちゃんに対する責任が、重く俺にのしかかってきたのも事実だった。

りっちゃんと東京へ行きたい。

でも、やっぱりちょっと怖い。

カッコ悪いけど、それが俺の本音だった。

とはいえ、それからも毎日電話をしているし、時には会いにも行っていて、り

っちゃんは俺が迎えに来るのを、いつかいつかと待っている。

俺も何もしないわけにはいかず、愛車のセドリックを売って、

「車、売ったから。資金はできたと」

なんて着々と駆け落ちの準備を進めているかのように言っていた。

それにしても、駆け落ちならこっそり行けばいいところを、わざわざ家族に東京行きを宣言した俺は、多分、知らず知らずのうちに、反対して止めて欲しいという気持ちを持っていたのだろう。

ところが、東京に行くと言うと、

「頑張りなさい」

である。

そりゃあ、りっちゃんと駆け落ちするとまでは言わなかったけれど、それでも、大学進学とか就職先が決まっているわけじゃなし、反対するのが普通じゃないだろうか。当時、広島から見た東京は、華やかな印象がある反面、恐ろしい大都会というイメージも大きかったのだから。

それにしても、俺は困った。

行くと言った手前、行かないと格好がつかないではないか。

夜中まで考えた揚げ句、俺はボストンバッグに荷物を詰め込み始めた。

ついに行く決心をした。というわけではない。

夜、こっそり家を抜け出そうとしたら、それは家出であるから、止めてくれるに違いないと思ったのである。

本気じゃないから、タンスから着替えやなんかをいい加減に引っ張り出して、ボストンバッグに詰め込む。

でも、あまりに貧相な荷物でもなあ、と思い、さらに押入をごそごそやって、何やかやと細々した物をボストンバッグに詰めようとした時だった。

「おかしい」

荷物が増えているのだ。

目をこすりながらボストンバッグを見ていると、どこかから手が伸びてきて、トランジスタラジオを突っ込んだ。

「かあちゃん、何してんの？」

振り返ると、かあちゃんと兄ちゃん、義姉《ねえ》さんまで、タオルとか懐中電灯なん

かを持って立っている。

「いや、これもいるかと思って」

「これも便利だから、持っていったほうがいいだろう」

口々に言いながら、手にした物をボストンバッグに詰めるのだった。

その様子は、すごく楽しそうだった。

明るいにも、ほどがあるっ!! 息子が、弟が、家出しようというのに、何なのだ。

俺は、すっかり馬鹿馬鹿しくなって、

「もう、勝手にして」

布団を被《かぶ》って寝てしまった。

が、うちの家族を甘く見てはいけない。

次の日には、さらに大変なことになったのである。

「昭広、起きなさい」

朝、かあちゃんに揺り起こされて、時計を見るとまだ六時である。

学校も仕事もない、俺の起きる時間ではない。

うるさそうに布団を被ってしまう俺に、かあちゃんは言う。

「はやく行かないと、遅刻するよ」

「何に？」

面倒くさそうに聞いた俺の耳に、信じられない返事が飛び込んできた。

「家出に」

（家出に遅刻？……ないよそんな）

と思った俺は、がばっと起きあがった。

「家出に遅刻なんかない！　東京なんか、行かない！」

それだけ言うと、俺はまた布団を被り、ゴロンとひっくり返った。

「男が一旦、口に出したら、やり遂げないと」

かあちゃんは、まだ諦めない。それでも俺が無視して寝ていると、今度は布団を引きはがしながら、挑発するのだった。

「楽しいよー。都会は。都会はお前むきだし、東京がお前を待ってるよ。お前は東京が似合う」

さらにその時、下からクラクションの音が響き、兄貴の声が叫んだ。

「おーい、エンジン、あったまってるぞう!」

何が何だか分からないまま、俺はボストンバッグと餞別まで持たされ、兄貴の車に乗せられた。

広島駅に着くと、かあちゃんは率先して切符売り場へ行き、

「昭広、どこまで買う? まずは大阪? それとも一気に東京か?」

親切に、切符まで買ってくれるらしい。

「佐賀」

俺は言った。

「ばあちゃんに、挨拶してから行く」

「ああ、それはいいことね」

かあちゃんは疑いもせず、ニコニコと佐賀までの切符を買ってくれる。

「はい、昭広」

かあちゃんから佐賀行きの切符を渡された時、俺の心はようやく決まった。

りっちゃんと東京へ行こう。

これも、運命なのだ!

そうだ、そうに違いない。

が、俺がそんな感慨に浸っているのも知らず、うちの連中は俺を電車に押し込むと、

「身体に気をつけて」

「元気でな」

なんて言葉もなく、さっさと帰っていくのだった。

まだ、電車は走り出してもいないというのに。

俺は窓を開け放ち、ホームにいる三人の後ろ姿に向かって叫んだ。

「手ぇぐらい、振れや――――っ!!」

三人は振り返り、お腹《なか》を抱えて笑いながら、手を振った。

電車が走り出す。

みんなまだ、笑い転げている。

不覚にも、俺の目にはちょっとだけ涙があふれた。

後で聞いた話だが、かあちゃんたちは、まさか俺が本当に家出するとは思ってもなかったのだと言う。

自分たちの悪ふざけにのって、佐賀のばあちゃんの家まで行ったものの、二、三日もすれば帰ってくるだろうと考えていたそうだ。

佐賀に着いた俺は、早速、りっちゃんの勤めるデパートに連絡し、仕事帰りに待ち合わせた。

「デパートは辞めることになるから、きちんと言わないとな」

俺が言うと、りっちゃんは、

「うん。言うことは言うけど、その日でいいと」

などと突拍子もないことを言う。

「何日も前に言ったら、デパートの人がおかしいと思って家に連絡するかも知れないから。そうしたら、行かれんようになるから」

そう言われると、俺も早く行かないと、計画がバレて阻止されては大変という気になってくる。

それで、俺たちは明日の夜には佐賀を発《た》とうと決める。

でも、俺はやっぱり、ばあちゃんにだけは挨拶したいなあと思った。それに、

俺が選んだりっちゃんを、ばあちゃんに紹介したかった。

「これから、ばあちゃんの家に行こうか？」

俺が言うと、りっちゃんはいつもの通り、

「行く、行く」

と喜んでついてきた。

「ばあちゃん、俺、この人と都会へ行こうと思う」

いきなり言った俺に、ばあちゃんは笑顔で答えてくれた。

「そうか。思った通り生きていけ」

それから、りっちゃんに向き直って聞く。

「名前は、何て言うの？」

「律子です」

「そう。律子さん、昭広のこと、よろしくね」

初対面のばあちゃんに頭を下げられて、りっちゃんはとまどいながらも、

「はい」

恥ずかしそうに頷いた。

さらに、ばあちゃんは俺に向かって続ける。

「昭広、東へ行け。東へ。東は日当が高い。お前は学がないから、東へ行け」

毎朝、新聞を隅から隅まで読むばあちゃんは、日本の経済事情に詳しいのだった。

でも、恋人の前で「学がない」と言われた俺は、ちょっとばあちゃんに反論してみる。

「だってばあちゃん、子どもの頃、言ってたよ。勉強ばっかりしてたら、癖になるって」

「癖になったら、よかったのに。ハハハハハ」

ムム、と思った俺は、さらに言いつのる。

「でも、俺が英語が分からんって言うたら、答案用紙に『わたしは日本人ですって書いとけ』、漢字が苦手でって言うたら、『ひらがなとカタカナで生きていきますって書いとけ』、歴史も嫌いって言うたら、『過去にはこだわりません』って書いとけって言うたと」

俺は、「どうだ！」という気持ちだったが、ばあちゃんはなんと、

「昭広、あんた真《ま》に受けたと？」

と言うではないか！

「ええ？」

「高校行っても、勉強せんかったと？」

「うん」

「本当にバカばい、この子は」

そこで、俺とばあちゃんと、りっちゃんは大笑いした。

みんなに反対されて、明日は家出するというのに、すごく和《なご》やかなムードだった。

俺は、やっぱりりっちゃんを連れてきて良かったなあと思った。

ひとしきり笑い終えると、ばあちゃんはふたりに言った。

「結婚はね、ひとつのトランクをふたりで引っ張っていくようなもの。その中に、幸せとか、苦労とか、いっぱい入ってるの。絶対、最後までふたりで運ばんといかんよ。ひとりが手を離したら、重くて運ばれん」

ばあちゃんは多分、すごーくじいちゃんが好きだったのだと思う。

本当は、ばあちゃんだって、ふたりでトランクを引っ張っていきたかったに違いない。

でも、じいちゃんは早くに亡くなり、ばあちゃんは重いトランクをひとりで引っ張らなければならなかった。

だから俺たちに、決して手を離してはいけないと諭したのだろう。

翌日、俺は早速、りっちゃんの勧めるデパートにトランクを買いに行った。

『それは、たとえの話で……』なんて言われたって、弱冠二十歳の、学のない俺には分からない（俺は二月に誕生日を迎え、二十歳になっていた）。

とにかく、ばあちゃんが言うからにはトランクなのだ！

トランクなんて買ったことのない俺にはよく分からなかったが、ずっと持っていくのだからと、頑丈そうな布でできた大ぶりの、キャスターのついた四角いトランクを選んだ。

そして、中に入れるものである。

この際、俺が出鱈目《でたらめ》に入れた着替えや、家族がふざけて入れたものの詰まった

ボストンバッグは、ばあちゃんの家に置いていこう。

欲しいものを欲しいだけ買って、トランクに詰め込み、りっちゃんと新しい生活を始めるのだ。

靴下五足、パンツ五足、シャツ五枚、それから真新しいフカフカのタオル……。

こんなにたくさん、一遍に物を買ったことのなかった俺は、ものすごくウキウキしてきた。

口笛なんか吹きながら、ふとネクタイ売り場を通りかかると、あの、りっちゃんと出会うきっかけとなった彼女がいるではないか！

りっちゃんも賢そうなキリッとした顔をしていて、美人の方だと思うが、さすがに彼女はいかにも女の子っぽい、ぽちゃっとした可愛らしい顔をしていた。

（う～ん、やっぱり君とも、行きたかったなあ）

なんてことを考えたりもする、俺であった。

昼休みには、デパートの近くで待ち合わせ、りっちゃんの荷物もトランクに詰め込む。

ふたり分の荷物の入ったトランクを見て、俺たちは微笑《ほほえ》んだ。

「ずーっと、いつまでも一緒に持っていこうね」

口では言わなかったけど、きっと二人とも、そういう気持ちだったと思う。

そして、りっちゃんの終業時間である六時五分が近づいてきた。

りっちゃんは、六時になると、課長の席へと向かう。

「課長、私、辞めさせていただきたいのですが」

「そう。結婚するの？」

「はい。近々」

「そうか。一年後くらい？」

「いえ」

「もっと早いの？」

「はい」

「じゃあ、半年くらいで辞めるのか」

「いえ、もっと早く」

「早くって……じゃあ一ヶ月くらい？　急だなあ」

である。

「今日、あと三分で辞めさせてください！」

まったくもって、現場で見られなかったのが惜しいくらい、コントのような話

「は？」

「いえ、今」

気の毒にも課長は、「どうしたの？」「結婚じゃなくて、何かあったんじゃないの？」と、最後までずっと心配してくださったそうだ。

デパートの前で、でっかいトランクを持って待っていたのでは人目があるというので、俺は先に佐賀駅に行っていた。

あらかじめ打ち合わせして、六時二十分過ぎの切符を買っていたのに、りっちゃんはなかなか来ない。

「ひとりだと、重いよ」

俺は、ひとりトランクの横に突っ立って呟《つぶや》いた。

六時十五分になって、ようやく向こうにりっちゃんの姿が見えた。

が、駆け落ちだというのに、五人もの女友だちと一緒なのである！

みんな同じデパートに勤める同僚で、りっちゃんが急に辞めるというので、おかしいと思い、なかなか離してくれなかったらしい。

そして、とうとう駅までついてきたと言うのだ。

五人は、全員が全員、うさんくさそうな目で俺を見た。

「りっちゃん、考え直して」

「こんな、訳の分からない人についていってどうなると？」

「そうよ。どこの誰とも分からん人と、どこへ行くと？」

随分な言われようであるが、無職である俺には、弁解の余地もない。

だが、相変わらずりっちゃんはきっぱりと言った。

「私、決めたの。この人と行くって」

りっちゃんの強い口調に押されて、みんな、それ以上何も言えなかった。

俺とりっちゃんは、電車に乗り込む。

座席に座ると、りっちゃんが俺に封筒を差し出した。

「読んで」

開けてみると、折りたたんだ一枚の便せんが入っていた。

『ずっと二人でいようね。

汽車に乗る時も、船に乗る時も、

上り坂も、下り坂も、

信号を待っている時も　　　律子』

驚いてりっちゃんの顔を見ると、照れくさそうに笑っている。

甘ったるい言葉なんか囁《ささや》かない、女の子にしては、あっさりしすぎているほどの気性のりっちゃんが、はじめて俺にくれたラブレターだった。

俺は、目頭が熱くなるのを感じた。

その時だった。

電車がガクンと揺れて、走り出す。

「りっちゃーん！　考え直して――!!」

「行かないで――!!」

「次の駅で降りて、戻っておいで――!!」

りっちゃんの友だちが、電車を追って走りながら、口々に叫んでいる。

俺は、心の中で「ごめんなさい」と言った。

こんなにりっちゃんを好きでいてくれてるのに、心配かけてごめんなさい。

きっと、幸せにするから。

俺は、ウキウキ気分で忘れかけていた責任の重さを、また思い知らされたのだった。

# 第3章　ああ、憧れの東京航路

さて、時間も時間だったので、俺たちはとりあえず博多まで行くことにしていた。

「何、入れたと？　見せて」

電車が鳥栖を過ぎた頃、りっちゃんがそう言い出したので、俺はトランクを開けて見せた。

「何、これ？」

荷物の一番上に乗っかっている、しゃもじと杓子とおろし金を見て、りっちゃんは唖然としている。

それはさっき、りっちゃんを待っている間に、俺が金物屋で買い求めたものだ。

俺は言った。

「だって、ばあちゃんがトランクの中には、みんな入ってるって言ってたから。とにかく必要なものは入れておこうと思って」

「こんなの、都会にも売ってると」

りっちゃんは大笑いしたが、俺にとっては、本気で大切な三品だったのだ。

幼い頃、貧乏の中で育った俺は、生活の中でいかに「食」が大事かを知っている。だから、トランクに全部入れろと言われたら、食をはずすわけにはいかない。

そして、日本食といえば「米とみそ汁」。米にはしゃもじが欠かせないし、みそ汁には杓子とおろし金が欠かせない。

え？　なぜ、おろし金かって？

ばあちゃんの家では、大根おろしがみそ汁の具の定番だったからだ。できたてのみそ汁に、ギュッと絞った大根おろしを入れると、格別にうまい。なんて言うと特別料理みたいだが、おろしなら大根が曲がっていても二股でも関係ないし、傷んだところを取り除けば、余すところなく使えるというわけ。

貧乏が生んだ、ばあちゃんの知恵である。

そんな説明をりっちゃんにしているうちに、電車は博多駅へ着いた。

りっちゃんは、まず自分のおじさんの家へ行こうと言う。

「え？　大丈夫かなあ」

「大丈夫、大丈夫。ちょっと寄るだけ。おじさん、航空会社の株主さんだから、きっと何かチケットを都合してくれると」

株主というだけあって、りっちゃんのおじさんは、屋敷というような大きな家に住んでいた。

佐賀から訪ねてきたというと、立派なソファセットのある応接間に通してくれる。

「おじさん、ご無沙汰してます」

「やあ、りっちゃん。久しぶり」

おじさんは、りっちゃんに笑顔で挨拶しながらも、ジロリと俺を見る。

「友だちの徳永くん。私たち、旅行に行こうと思って」

「ふたりで？」

さらに、おじさんの表情は険しくなる。

「いえ、向こうで、大勢友だちが待ってるんです」

咄嗟《とっさ》に俺は、嘘をついた。

「向こうって？」

「……東京です」

「ふうん」

おじさんに睨《にら》まれた俺はうつむいてしまったが、りっちゃんはやはりマイペースで堂々としている。

「ねえ、おじさん。飛行機の安いチケットないかなあ?」

屈託なく言うりっちゃんを、おじさんは信用したらしく、結局、福岡―東京間が半額になるという、株主優待券を用意してくれた。

「じゃあ、りっちゃん、気をつけて」

送り出してくれるおじさんに、またもや俺は、心の中で「ごめんなさい」と謝る。

きっと、頑張りますから、と。

その夜は、福岡にある俺の友だちの家に泊めてもらうことになった。

さっきまで反省していても、すぐに調子に乗るのが俺の悪い癖で、ビールを一杯飲むと、もう調子が出てきてしまう。

「ほら、見て、見て。これが飛行機の券。株主優待で半額やぞ」

飛行機に乗るのも初めての俺は、嬉しくて嬉しくて、何度もニヤニヤしながら取り出しては、友だちに自慢する。

「東京かあ。すごいなあ」

東京に行くだけで、すごいなあという時代である。

友だちも、憧れの眼差《まなざ》しで俺とりっちゃんを見ている。

俺は、さらに調子に乗った。

「俺、東京で歌手になると」

自分でも思いがけない言葉だったが、なぜ急にそんなことを言い出したかというと、半年ほど前に週刊誌で見た広告を思い出したからだった。

週刊誌には、『俳優座　研究生募集』とあった。

もちろん、俳優オーディションの告知なのだが、俺は「広告して募集するなんて、芸能人も不足してるんだなあ」と、とんちんかんな解釈をしていたのであった。

そしてその頃、俺にとっては『芸能人＝歌手』であったから、

「俳優座に入って、歌手になる」

などと言い出したのである。

でも、当時は誰だって似たり寄ったりだったらしく、友だちもバカにしたりせず、

「へえ、すごかなあ、お前」

すっかり、感心してしまっている。

「俳優座なんて、大きいと？　入れるのか？」

「うん、募集してたから百パーセント入れる」

「そうか、おめでとう。カンパ〜イ！」

「カンパ〜イ！」

お互い、すっかり俺が歌手になった気持ちで、夜通しカンパイを繰り返したのだった。

今思えば、俺は同級生の野球部員たちのように有名になりたかったのだと思う。何かで有名になれば、野球がダメになった喪失感が取り戻せるような、そんな気がしていたに違いない。

翌日。

飛行機に乗るのが初めての俺たちは、嬉しくて嬉しくて仕方がない。

しかも、憧れの東京までひとっ飛びなのだ。

はしゃぎまくる俺たちに、

「新婚旅行ですか？」

隣の上品そうな老婦人が声をかけてきた。

「はい。新婚旅行です」

上機嫌の俺は、つるりと嘘が口から出てしまう。

「そう。どこに行くの？」

「はい。ハワイです」

よせばいいのに、言ってしまった。

ところが、老婦人は、

「まあ、私たちもハワイよ。お若い道連れができてうれしいわ」

などと言い出したのだった！

（うわぁ、困ったなあ）

なんて俺の心の叫びはもちろん届くはずもなく、老婦人は俺たちを好もしそうに見、こんな話を始めた。

「おせっかいかも知れないけど、絶対、離婚しちゃダメよ。夫婦っていうのはね、何百回も喧嘩するものなの。それが当たり前。それでも、なんとかやってきて、私らもやっとこんな歳《とし》になったのよ。ねえ、お父さん？」

すると老婦人の、さらに隣の席にいた老紳士が笑う。

「昨日も、喧嘩したと」

「え？　そうなんですか？」

とても仲良さげな夫婦だったので、俺は自分の嘘に困っていたのも忘れ、話に引き込まれて聞くと、老婦人が可笑《おか》しそうに話し始めた。

「海外旅行だっていうんで、私が三つも四つも鞄《かばん》を用意してたらね、この人が、『あったかいとこに行くのに、そんなんいらん。向こうでTシャツと短パン買えばよか』って言い出して。私も、『そんなこと言っても、女には持っていくものがあるんです』なんて。結局、言い争いになっちゃって」

「でも、やっぱりトランクひとつに収まったよ」

老紳士が口を挟むと、

「あら、それは私が工夫して、上手に荷物を造ったからですよ」

老婦人は負けずに言い返す。

その様子を見ながら、

「う〜ん、やっぱり夫婦に喧嘩はつきものみたい」

と思いつつも、

「でもトランクは、やっぱりひとつに限るんだ。ばあちゃんの言うことに間違いなし！」

などと納得した俺であった。

トン、と飛行機が地につく感触があった。

羽田だ！　東京だ！

俺たちは、喜びいさんでモノレールに向かって歩き出した。

都心へ出るには、まずモノレール。そのくらいは、俺たちも予備知識があった。

が、背後から俺の肩をむんずと掴《つか》む人がいる。

「お兄ちゃんたち、ハワイはこっちと」

さっきの老紳士である。

そうだった！

話に引き込まれて、すっかり忘れていたが、俺は新婚旅行でハワイへ……など
と口から出任せを言っていたのだ!!

老紳士はニコニコと親切な笑顔で、俺を海外への乗り換えゲートへ連れていこ
うとする。

ハワイなんて行きたいのは山々だが、お金もないし、パスポートもない。

「いや、あの、ちょっと先に買い物が……」

俺がしどろもどろに言うと、老紳士はやっと解放してくれた。

「そうか。じゃあ、また後で」

老婦人も、ニッコリ笑って会釈している。

ふたり仲良く去っていく、老夫婦の後ろ姿。

ふたりは、ひとつのトランクをふたりで引っ張っていた。

やっぱり、ばあちゃんの言うことは確かなんだなあと、思った俺だった。

散々喧嘩しても、仲良くふたりでトランクを運ぶのだ。

俺とりっちゃんも、モノレール乗り場に向かって、ふたりでトランクを引っ張り始めた。

# 第4章　家出はつらいよ

夫婦の定番、喧嘩の時は意外に早くやってきた。

意気揚々とモノレールに乗って、浜松町に降り立った俺たち。

ようし、東京だ!!

でも……、
一体、どこへ行けばいいのだろうか。

何しろ、俺たちは家出してきたのである。

学校も、仕事も、約束もない。

自由度百パーセントである。

スケジュールが決まっていないということは、大変なことだ。

人間、自由すぎると何していいのか分からない、というのが、俺は生まれて初めて身に染みた。

何しろ行かなければならない場所もないので、どっちへ向かって歩けばいいか

さえ分からない。

「どこ行こう？」

俺が言うと、

「どこでも」

りっちゃんは言う。

そう言われても、まるで土地勘もないので、俺はさらにりっちゃんに相談する。

「右、行く？　左、行く？」

「どっちでも」

俺は、だんだん腹が立ってきた。

「何とか言えよ。右とか、左とか」

「どっちでも、いいと」

あっけらかんと言う、りっちゃん。

こうなると、いつもは好もしいりっちゃんのマイペースも鼻についてくる。

「どっちでもいいって、なあ。自分のことやろ？」

俺が声を荒らげると、りっちゃんは、

「私は、どっちでもついていく。徳永くんが、東京に行こう言うたとでしょ?」

そう言われてしまうと、ぐうの音も出ない俺は、

「じゃあ、右行ってみっか、右」

やけくそに明るく言って歩き出した。

それにしても、右へ進むのを決めるだけに、これだけの時間がかかり、言い争いさえしてしまうのだから、まったくの自由というのも困ったものである。


「腹、減ったね」

しばらく歩くと、気を取り直すように俺は言った。

ちょうど、少し先に寿司屋の看板が見えている。

「あそこの寿司屋へ入ろうか」

「うん」

実は俺は寿司屋なんて入ったことなくて、折り詰めの寿司がせいぜいだったのだが、何しろ駆け落ちして初めての、ふたりでする外食だ。ふたりきりの結婚式気分で、ちょっと贅沢なことをしてみたかったのだ。

それに、八百屋で働いた金とセドリックを売った金、合わせて七十万円という大金を持っていたのも、俺の気を大きくした。

けれど、

「へい、らっしゃい」

店員さんにそう言われただけで、俺はすっかり上がってしまった。

「標準語だ！」

日常の中に、普通に標準語が存在しているなんて‼

それに、店内の磨き上げられたカウンターや、いかにもこの道何十年というような板前さんも俺たちにプレッシャーをかける。

この店内で田舎者は、俺とりっちゃんだけ。

あとは、みーんな粋《いき》な江戸っ子という気がした。

それに、どんなに高いのだろうと心配になった俺だったが、出されたお茶をすすりながら、壁に掛けられたメニューを見てようやく安心した。

ウニ　特価

アワビ　特価

トロ　特価
イクラ　特価
値段は書かれていないが、特価と書いてあるからには安いネタに違いない。

俺たちは、特価品を重点的に頼もうとひそひそ話し合う。

でも、待てよ。俺は思った。

「りっちゃん、二個って標準語で何て言うと?」

「え?」

「一個は、標準語のような気がする。でも、二個って通じると?」

「さあ?」

俺たちは本当に頭がこんがらがってしまって、佐賀で使っていた言葉は、何ひとつ通じないような気がしてしまったのだ。

けれど、そんな馬鹿げた心配などよそに、板前さんは威勢のいい声をかけてくる。

「何、握りましょう?」

「あ、……トロ、一個と……それから、もう一個ください」

苦肉の策だったが、板前さんには何とか伝わったらしく、りっちゃんと俺の前に、それぞれトロが運ばれてきた。

ちょっと安心した俺たちは、その後も、

「ウニ一個と、もう一個」

「あと、イクラ一個と、もう一個」

などと、当初の予定通り、特価品を重点的に頼み、たらふくパカパカ食べたのだった。

さて、お勘定の時がやってくると、今度はりっちゃんが言い出した。

「こういう時、標準語で何て言うと？」

「え？」

一瞬、固まってしまった俺だが、ない知恵を絞り出して、小声でりっちゃんに言う。

「だからさー、とか、どこどこ行っちゃってさー、とか言ってるから、最後に『さ』をつけておけばいいのと違う？」

りっちゃんは、真剣な表情で頷くと、手を挙げて店員さんに叫んだ。

「すみませんさ！　おいくらですかさ！」

「え？　あ……まいどありっ」

店員さんは、ちょっとひるんだようだったが、

「六千円になります」

笑顔で、伝票を持ってきてくれた。

りっちゃんが一万円札を差し出すと、四千円のおつりが手渡される。

「まいど、ありがとうございます」

すると、何を思ったのか、りっちゃんも、

「ありがとうございますさ！」

礼儀正しく挨拶して、店を後にしたのだった。

思えば、お客さんも笑いこそしなかったが、不思議そうにこちらを見ていたものだった。

でも俺は、堂々としたりっちゃんの態度に、

「すごいなー」

と感心するばかりだったのである。

それにしてもお勘定が、六千円ちょっとというのは、当時、ＯＬの月給が二万円くらいだったから、破格の高さである。

「特価なのに、あんなに高いなんて。東京はやっぱり物価が高か」

店を出るなり言い合った俺たちだったが、冷静になってよくよく思い出してみると、特価ではなく、時価だったような気がしてきた。

「あれは、特価じゃなくて時価だったんじゃない？」

「そんな気がしてきた」

すっかり上がっていた俺たちは、特価と時価を読み間違え、思い込んだら命がけで、何度見ても特価に見えてしまっていたらしい。

余談だが、りっちゃんは東京に来る前、

「東京は、物価が佐賀の八倍すると。七十万円持っていても、十万円もなか」

と言い切っていた。

どこから八倍という数字を聞き込んだのか定かではないが、これも完全なる思い込みで、さすがに八倍ってことはなかった。

さて、寿司屋を出た俺は、さっきの失敗を踏まえ、今度は彼女をリードしなけ

れば行く先を決めていた。

「山手線ってあると？　あれに乗ろう」

「乗ろう、乗ろう」

りっちゃんも大賛成である。

山手線は、田舎者にとって東京の象徴的存在のひとつなのだ。

そして、この時も俺たちは思い込んでいた。

大都会・東京では、山手線という一台の電車が、二十四時間クルクルクルクルクル
と同じ線路を回り続けているのだと。

それなのに、

「大崎、大崎、次は大崎です。この電車は大崎止まりです」

アナウンスを聞いて、

「こんなの、山手線じゃない！」

ブーブー文句を言い合ったのだった。

けれど、もう一度乗ってみると、今度はちゃんと回ってくれた。

そして、そのまま三周ほど回っているうち、ようやく気づいたのだった。山手

線にも何台も車両があり、途中で車庫に入る列車もあるのだと。

なぜ三周も回ったかというと、他にすることもなかったし、楽しかったからである。

何しろ田舎には高層ビルなんてないから、車窓から都会の風景を見ているだけで、俺たちは嬉しくてたまらなかったのだ。

結局、三時間以上も山手線を堪能した俺たちは、浜松町で電車を降りた。

なぜ浜松町かというと、この時、俺たちが唯一知っている駅が浜松町だったからである。

知っている、と言っても三時間前に少しの間、いただけなのだが、

「浜松町は、来たことある」

「うん」

「右手に行けば、寿司屋があるよ」

「徳永くん、東京にくわしくなったねえ」

「さっき、来たと」

「私も、来たと」

そんな風に言い合い、笑い合ったのだった。

俺たちは、東京の、どこかの駅に何があるかを知っているというだけで、都会の人になったような気がして誇らしくてたまらなかったのだ。

とはいえ、寿司屋の場所だけ知っていて満足している場合ではない。

だんだん日も暮れてくるし、泊まる場所を探さなければならない。

何しろ東京の物価は八倍だと思っているから、できるだけ安く済む方法を、俺は考えた。

「昭島の明子おばさんの家へ行こう」

明子おばさんは、かあちゃんの末の妹だ。

昭島の家を訪ねたことはないが、住所と電話番号は手帳に控えてあった。

「へえ、東京に親戚があると?」

「うん。行ったことはないけど、大丈夫だろう」

話がまとまり、まず、昭島へはどうやって行けばいいのか、駅員さんに聞くことにした。

昭島へは、新宿まで出て、立川行きの特別快速に乗り、そこから青梅線という

のに乗って四つ目の駅だと言う。

新宿までは山手線で行けたので、訳なかったが、降りてみてビックリ！

ホームは、人、人、人でひしめいている。

ヒーヒー言いながらホームを降りたが、今度は立川行きのホームが分からない。

四十分近くかかって、ようやくこれだと目星をつけ、階段を上がろうとすると、ホームに電車が到着したらしく、ドドドドーッと人の大群が降りてくる。俺たちは、流れに逆らって必死で上ろうとするのだが、何しろ、ふたりでひとつのトランクを運んでいるものだから、どうにも動きが鈍くなる。

「りっちゃん、これは無理だ。ちょっとここで待ってよう」

「うん」

俺たちは、階段の脇にトランクを置き、人が引くのを待った。

そして、人がいなくなると、またエッチラオッチラ上り始めた。

ところが、今度は反対ホームに電車が来たらしく、またもやドドドドーッである。

「わあ、まただ。こっちで待ってよう」

「うん。東京は、すごい人だね」

そして、また上ろうとするとドドドドドーッ。ドドドドドーッ。

そんなこんなで、俺たちは十分も十五分も階段を上ることができずほとほと疲れてしまったのだった。

が、ふと見ると、階段の隅の方に、こちらより細めの通路が仕切ってある。

そして、階段には上り方向に矢印が描いてあった。

「あっ！」

俺は、自分の足元を見た。

階段の下方向に向かって矢印が描かれている。

「りっちゃん、あっちだと上れるみたい」

「え？　ほんとだ」

階段に上りと下りがあるなんて、当時の田舎では考えられない話だったのである。

散々苦労して、ようやく昭島に辿り着いた時には、既に七時を回っていた。

俺は、おばさんの家に電話しようと駅前で公衆電話を探す。

　幸い電話は、すぐに見つかったのだが、なんだか形が佐賀の赤電話とは違うような気がしてくる。

「公衆電話って、こんな形だったか？」

　俺が不安そうに言うと、りっちゃんまで、

「佐賀の十円玉で、いいのかな？」

　などと言い出したから、また大変である！

　俺は、近くのタバコ屋さんで自分の十円玉を差し出し、

「あのぉ、これ佐賀の十円玉なんですけど、東京のと替えてください」

　おずおずと言った。

　タバコ屋のおばさんは、ケラケラ笑いながら、

「十円玉なんて、佐賀も東京も一緒よ」

　教えてくれたのだった。

　俺たちはようやく安心して、公衆電話の受話器をとり、十円玉を入れた。

「もしもし。広島の昭広です」

「あらあ、久しぶり。どうしたの？」

「実は、結婚して……」

「ええっ？　いつの間に？　そんな話は、聞いてなかったわよ」

「いや、急なことで……それで今、新婚旅行の途中なんですけど、ちょっとご挨拶を……」

「それは、わざわざ……。で、今、どこにいるの？」

「昭島です」

「ええーっ!?」

明子おばさんは相当驚いていたが、すぐにおじさんと一緒に駅まで迎えに来てくれた。

明子おばさんは、俺がばあちゃんの家に預けられた頃は、まだ結婚前で佐賀にいたし、その後も、お盆やお正月には夫婦そろって佐賀のばあちゃんの家に来ていたので、俺にはなじみ深いおばさんだ。

「それにしても驚いたわあ。いきなり訪ねてくるなんて」

おばさんは驚きながらも、ビールでもてなしてくれる。

俺の甥《おい》と姪《めい》に当たる小学生の男の子と女の子、なおちゃんときょうちゃんもい

て、お兄ちゃんやお姉ちゃんが来たのが嬉しいらしく、はしゃいでいた。

「それで、お式は？」

「いや、そういうのは、まだ……」

「そう。でも、きれいなお嬢さんで、良かったわねえ、昭広ちゃん」

「いやあ……」

なんて話しているうちに、おじさんが聞いてくれた。

「それで今日は？　どこかに泊まるの？」

「いえ……それがまだ、決めてなくて」

「まあ、じゃあ泊まっていきなさいよ」

うまい具合に話は進み、俺たちは、おばさんの家に泊めてもらえることになったのだった。

翌朝、朝食の席で、何気なく、

「今日も、泊まっていいかなあ？」

と聞くと、さすがにおばさんは怪訝《けげん》な顔になった。

「昭広ちゃん、新婚旅行でしょ？　旅行社でコースが決まってるんじゃない

の？」

この時代、新婚旅行といえばパックツアー。フリーで行く人なんて、ほとんどいなかったと思う。

困った俺は、また口から出任せを言う。

「自由行動のコースをとりました」

「へーえ？　今は、新婚旅行にもそんなコースがあるの」

「はい。だから、自由なんです」

「そう。一週間くらい？」

「はあ、まあ……もっと長くてもいいんですけど」

「え？」

「二ヶ月でも……一年でも……」

「もう、何、言ってるの、昭広ちゃん。そんな新婚旅行、あるわけないでしょ？」

明子おばさんも、おじさんも、アハハと笑ったが……新婚旅行じゃないのだ。

家出だから、二年でも三年でもいいのだが、そんなことは言い出せない俺だっ

た。

それでも、なんとかしばらくは泊めてもらえることになり、俺たちはホッと胸を撫《な》で下ろした。

そして子どもが学校へ出掛け、共働きのおじさん、おばさんが働きに出ると、早速行動を開始する。

もちろん、職探しである。

持っている資格といえば免許くらいだし、人の多い東京のこと。タクシー運転手なんかいいんじゃないかと思い、俺たちは新聞広告を見て、運転手を募集しているタクシー会社に出掛けた。

りっちゃんには外で待っていてもらい、面接を受ける。

持ってきた履歴書を社長に渡し、すすめられた席に座った。

「えーっと、徳永昭広くんね」

「はい」

「二十歳、と。若いねえ」

「はあ」

「ということは、君、普通免許だよねえ?」

「そうですけど……ダメなんですか?」

「タクシー運転手にはね、2種免許がいるの。2種免許はさ、二十一歳以上で、免許取って三年以上じゃないと取れないんだよなあ。君、免許取って何年?」

「二年です」

「うーん……一年間、整備の手伝いでもしてみる? 車のこともよく分かるようになるしさ、給料も悪くないよ。一年経ったら、2種免許取ればいいんだからさ」

「はあ。考えさせてください」

「そう? じゃあ、またね」

社長の早口の東京弁に上がってしまった俺は、何がなんだかよく分からなかったが、どうやら俺の持っている免許ではダメということらしい。

でも、俺は納得いかなかった。

免許なんて、日本中、同じはずではないか。

失礼ながら、

「あの人、嘘ついて騙《だま》そうとしてるん違うか？　東京は怖いっていうからなあ」

とまで思い、別のタクシー会社へ面接に行ったのであるが、やはりそこでも同じような返事だった。

それでも、どこかに俺がタクシー運転手をやれる会社があるのではないかと、りっちゃんとふたりで、何軒もタクシー会社を回ったが……、
結果。あるわけない。

というわけで、俺の職が決まることはなく、昭島のおばさんの家へ戻ったのだった。

その日も、なごやかなムードで夕飯を済ませ、子どもたちと遊んだりテレビを見たりしていると電話が鳴った。

そして、電話を受けたおばさんが、

「ちょっと」

とおじさんを呼ぶ。

初めは、おじさんあての電話だったのかと思ったが、ふたりが何やらひそひそ話しているらしいのを感じ、俺とりっちゃんは顔を見合わせた。

子どもだけは、何も分からないから、相変わらず無邪気に、りっちゃんにまとわりついたりしている。

やがて、おばさん夫婦が茶の間に戻ってきた。

特別変わった様子はなかったが、

「明日は、どこ行くの？」

と、しきりに聞くのである。

これは絶対だ、家出がバレたんだ、と俺たちは思った。

きっと、さっきの電話はかあちゃんからだったのだ。

俺が来ていないか、問い合わせてきたのに違いない。

けれど、それが分かれば俺たちが、すぐまた逃げてしまうと思って隠しているのだろう。

翌朝、おばさん夫婦は、

「お昼休みには戻ってくるから、それまで必ずいなさい」

と言って仕事に出掛けていった。

おじさんは役所で、おばさんは米軍基地の経理課で働いていたので、それぞれ

職場が近く、家に戻ってくるのが可能だったのだ。

もちろん、俺とりっちゃんは大急ぎでおばさんの家を出た。

『お世話になりました。少ないけれど、なおちゃんときょうちゃんに何か買ってあげてください』

のメモと五千円を残して。

それにしても、当たり前だが家出というのは落ち着かない。

俺たちは、また行くあてのないまま、ふたりでひとつのトランクを、ゴロゴロと引っ張って歩き始めたのだった。

# 第5章　やっと、東京ハネムーン

おばさんの家から逃げ出した俺たちは、またまた浜松町にいた。

なぜなら、浜松町だけは知っているから。

「一昨日《おととい》も来たよな、浜松町」

「来た、来た」

「右へ行けば、寿司屋があるよな」

「わあ、東京通だねえ」

懲《こ》りないふたりであったが、さすがにもう泊めてくれるような知り合いは東京になく、ホテルに行くしかないだろうということになった。

「東京のホテルなら、ニューオータニだね」

「そう、そう」

俺たちは、東京のホテルといえば、ドラマやニュース番組によく出てくるホテルニューオータニしか知らなかった。

その日は、朝からトランクを引っ張って昭島から浜松町まで来ていたので、さすがにすっかり疲れてしまっていて、タクシーを奮発することにする。

「お客さん、新婚さんですか？」

大きなトランクを引っ張り、ホテルニューオータニまでと行き先を告げた俺たちに、運転手さんは聞く。

「はい」

「いいなあ、ニューオータニかあ。いいホテルですよ」

「はあ、そうですか」

「金持ちなんだねえ、君たち」

「はあ」

この時点で、何かおかしいと気づけば良かったのだが、相変わらず思いこみの激しいふたりは、無職・駆け落ちの身で、堂々とニューオータニのフロントへ向かったのである。

「二泊お願いします」

これは、あらかじめりっちゃんと打ち合わせして決めたのだった。

二泊三日もあれば、なんとか仕事も探せるだろう。

フロントマンは、とても気持ちの良い笑顔で俺たちを迎え、丁寧に尋ねる。

「失礼ですが、ご新婚でいらっしゃいますか」

「はい」

「スイートルームをご用意できますが、ご案内致しましょうか？」

「はい」

もちろん、スイートルームが何かなんて知らない。

新婚だから、何か甘いムードの部屋でも用意してくれるのかと、軽く返事をしたのだった。

「それでは、まず十万円ほどお預かりしたいのですが」

フロントマンというやつは、この上ない優しい笑顔で、なんてすごいことを口にするのだろうか？

十万円なんて、目下の全財産の七分の一である。

それを、たった二日で消費してしまうとは……（実際には、これは保険金のようなもので、確か二泊で七、八万円くらいの宿泊費とルームサービス等の料金を

引いた金額が、チェックアウト時に返金された)、俺は、泣く泣く十万円をフロントに預けたのだった。

それでも、さすがにニューオータニのスイートルームはすごかった。

部屋に入った俺の第一声は、

「外国人みたい」

というものである。

その頃の俺にとって、ベッドとか絨毯《じゅうたん》とかがある洋風の暮らしは、海の向こうの遠~くの世界のものだったのだ。

友だちの家や親戚の家に泊まってばかりで、初めてふたりきりになれたこともあって、その時の俺たちのはしゃぎようは、ハンパじゃなかった。

「見て、見て~、このお風呂! 外国映画みたい!!」

「見て、見て~、このトイレ! 外国映画みたい!!」

りっちゃんは、何を見ても「外国映画みたい」を連発した。

俺は、机の引き出しをひっくり返し、

「おい、この便箋、ただと?」

「封筒もある。手紙、出し放題ばい」

と大騒ぎした揚げ句、

「聖書がある。やっぱり、外国人が泊まると」

ふたりで大きくうなずき合い、思わずアーメンなんて十字を切るのだった。

さらには、バスルームにあるシャンプーやリンス、シャワーキャップなどを物色し、俺はいきなり歯を磨き始めた。

磨き終えると、りっちゃんが、

「イーンして」

とせがむ。

俺が、

「イーン」

と歯を見せると、

「わあ、ものすごくよく磨けてる～」

りっちゃんは手を叩いて喜んだ。

ひととおり部屋を見終わった後は、ホテルの散策だ。

江戸時代からの歴史を誇る日本庭園も素晴らしかったが、何しろ大自然の中で育ったふたりであるから、緑よりもエレベーターの方にずっと興味があった。

佐賀には、せいぜい五階建てくらいしかなかった時代だから、高層ビルの長いエレベーターというのが珍しくて、俺たちは何度も何度も上り下りしたのだった。

甘いムードとはほど遠いが、それでもやっと、新婚旅行らしい華やかさが俺たちを取り巻く。

ああ、でも早く仕事も探さなきゃ。

俺は、スイートルームのフカフカのベッドに寝ころんで、新聞の職業欄を開いた。

「こんなとこで、そんな欄見てるの、あんただけと思う」

りっちゃんは、笑いながら言った。

翌朝は、俺の強い希望で、後楽園球場へ出掛けた。

ナイター中継でよく見る、後楽園球場というやつを、外観だけでもいい。一目見たいと思ったのだった。

「ここで、長嶋さんや王さんがプレイしてたのかあ」

感激に胸を熱くした俺だった。

球場の周辺には遊園地などもあったが、俺の心を引いたのは、やはりバッティングセンターである。

何しろ、怪我で選手は諦めたといっても、広陵高校へ野球推薦で入ったほどの腕前を持っているのだ。

恋人に、披露しない手はないではないか。

入ってみると、このバッティングセンターは、さすが後楽園にあるだけに硬式のマシーンがある。

球は前方から飛んでくるのではなく、横にパン、と打ち上がってくるというものだったが、それでも俺の腕前を見せるには充分だった。

パン、パンと打ち上がる球を、カキーン、カキーンと打っていく俺。

「うわあ、うまかねえ」

思惑通り、りっちゃんは、うっとりと俺を見つめた。

「あーあ、怪我さえなかったらプロ野球の選手になれたのになあ」

汗を拭き拭き、俺が残念そうに言うと、

「そういえば、歌手になるいう話は？」

いきなり、りっちゃんが言い出した!!

家出した日の夜、福岡の友だちの家で酔っぱらって調子に乗って言った話を、りっちゃんは覚えていたのだった。

「えーっと……そう、たしか俳優座！　俳優座に行こう！」

りっちゃんは、相当、記憶力がいいらしい。

「ねえ、行こうよ、俳優座」

りっちゃんが、あまりしつこく言うので、俺は渋々、バッティングセンターの受付の人に聞く。

「あのぉ、俳優座ってどこにありますか」

「えー？　あんた、場所も知らんと？」

当然のことながら、りっちゃんはあきれかえってしまったのだった。

俳優座は、六本木にあった。

俺は、入り口付近にいた、事務員風の男の人に、いきなり言う。

「あのぉ、歌手になりたいんですけど」

「はあ？」

よく聞こえなかったのかと思い、もう一度、大きな声で言う。

「俳優座で、歌手になりたいんですけど」

「うち、俳優座ですけど？」

それは分かっている。だから、訪ねてきているのだ。

俺は、重ねて言った。

「半年前、募集広告が載ってたので、歌手になろうと思ってきたんですが、もう募集してないんですか？」

「いえ、歌手はいません。俳優座ですから、俳優です。お芝居です」

「ええっ？」

俳優座の男の人も驚いただろうが、俺も驚いた。俳優座って、歌手はいないのか。男の人は親切な人柄らしく、あきれ顔ながらも説明してくれる。

「それにねえ、年に一回募集を出すけど、何千人も応募があって、通るのは十人

かそこらですよ」

親切に甘えて、俺はさらに聞いてみた。

「じゃあ、歌手はどこにいるんですか?」

「歌手ねえ……渡辺プロとか……」

「渡辺プロ! それ、それにします! どこにあるんですか?」

勢い込んで聞く俺に、男の人は、待った、待ったという感じで慌てる。

「いや、そんな、君、急に行ったって、誰も会ってくれないよ」

そうして、俺とりっちゃんの顔を見比べながら、仕方ないなあという感じで問う。

「どこか、田舎から出てきたの?」

「はい。広島から」

「歌手になりたいの?」

「はい」

俺の真剣な顔にしみじみ頷くと、今度はりっちゃんに聞いた。

「この人、そんなに歌がうまいの?」

「知りません」

「え？」

「聞いたことありません」

それまで同情的だった男の人は、すっかり拍子抜けした様子である。

「君、ねえ。歌ったこともないのに、無理だよ」

「いえ、多分、なれるんじゃないかと思います」

男の人は、あきれたのを通り越して、だんだん可笑しくなってきたようだ。

ついに、笑い出してしまった。

「多分、なれるって……君、漫才じゃないんだからさあ」

「漫才って何ですか？」

「漫才、知らないの？」

「はい」

「人、笑わせるやつだよ。芸人さん。君、お笑いの方が向いてるよ、絶対。まあ、頑張って」

男の人は、まだアハアハと笑いながら、事務所の中へ入っていってしまった。

俺たちふたりは、俳優座の前に、ぽつんと取り残される。

きまりが悪くて、俺は事務所の入り口に向かって呼びかけた。

「あのぉ、歌手が無理なら映画俳優でもいいです。漫才とかいうやつでもいいです。お願いしまーす」

「もう、誰もいないのに、何言ってんのよ。意味、分かんない」

りっちゃんは、あきれた様子ですたすたと歩き出す。

俺もあわてて後を追った。

「待ってよ、りっちゃん。いやあ、歌手なんて簡単にはなれんもんやねえ」

「当たり前でしょ。おまわりさんにでも、聞いてみたら？」

まだ、ふくれっ面《つら》のりっちゃんが、六本木の交差点で交番を見ながら言うので、

「あのぉ、どこに行ったら歌手になれますか？」

おまわりさんに聞いてみると、

「そんなことより、ちゃんと右側通行でね」

軽くいなされてしまった。

「もう、いい加減にしてよ」

りっちゃんを、さらに怒らせてしまい、俺はしゅんとしてしまったのだった。
それにしても、ほんと夫婦は喧嘩するものらしい。

# 第6章　目指せ、漫才師!

「なあ、もう帰ろうか」

俳優座で断られ、弱気になった俺は言いだした。

今夜も、ホテルニューオータニの外国映画のような部屋にいる。

これ以上、ニューオータニに泊まったら、お金も減っていくばかりだ。

が、こういう時、女の人というのは強い。

「何、言ってると?」

りっちゃんは、怒った。

「今、帰ったら、あんた、お父さんに何されるか分からんよ」

「……うん」

会ってもくれなかった漁師のお父さん。

俺、本当に殺されるかも……。

どうしていいか分からなくなった俺の脳裏に、ふと、野球部の先輩、小森さん

の顔が浮かび上がってきた。

面倒見のいい、豪快な先輩だ。

小森さんは結婚して、大阪で勤めているはずである。

「こんばんは、徳永です」

電話してみると、

「おう、元気かあ？」

受話器の向こうから、昔ながらの頼もしい声が聞こえてきた。

俺は、なんだかホッとする。

「今、東京なんです」

「東京？」

「はい。旅行中です」

「そうか。誰と？」

「カノジョです」

「へーえ、お前もやるなあ。どこに泊まってんの？」

「ニューオータニです」

「お前、そんなに儲けてると?」

「は?」

「ニューオータニなんて、高いやろう?」

「でも東京には、ニューオータニしかないんでしょう?」

「何、言うてんねん。東京やったら、何百とホテルあるやろう?」

「え?」

電話を切ってから電話帳を繰ってみると、確かに数え切れないほどのホテルがあった。中には、広告掲載している所もあって、「宿泊1、500円~」なんて書いてある。

俳優座に続き、またまた愕然《がくぜん》としてしまった俺であった。

さて、翌日。俺はニューオータニを出て、小森さんの所へ行くことにした。

電話で家出のことを話すと、小森さんは、

「とにかく一遍、大阪に来いや」

と誘ってくれたのだった。

りっちゃんには、ただ、

「大阪の先輩のところへ遊びに行こう」

と言ったが、実のところ、ちょっとずつ西へ向かい、広島か佐賀へ帰ろうかなという気持ちがないではない俺であった。

大阪へは、新幹線である。

東海道新幹線に乗るのが初めての俺たちは、

「これが、ひかり号かあ」

と、また大喜びして乗り込んだ。

そして、夕方六時。

先輩との待ち合わせは、心斎橋筋の大丸百貨店とそごう百貨店の間である。

なんとも変てこりんな待ち合わせ場所だが、地下鉄の駅を上がってすぐなので、大阪人はよく、ここを待ち合わせに使うようだ。

地下鉄から、心斎橋筋に上がった俺たちは言い合った。

「わあ、今日は祭か」

「いいとこへ来たねえ」

間もなくやってきた先輩に、聞いてみる。

「何の祭ですか」

「え？」

「盛大ですねえ。有名な祭でしょ？」

「何、言うてんねん。この時間は、いっつもこんなんやで」

「ええっ!? 大阪って東京より人口が多いんですねえ」

俺が言うと、

「よう分からんこと、いうやっちゃなあ」

先輩は首を傾《かし》げている。

でも、りっちゃんと俺は、東京といっても結局、浜松町の寿司屋と、都内ではあるが二十三区外の昭島市と、ホテルニューオータニと後楽園。それに、昼間の六本木(当時の六本木は夜は賑わうが、昼間はそうでもなかった)しか見ていなくて、人混《ご》みはせいぜい乗り換えの新宿駅くらいの体験だったので、大阪の方がずーっと賑わっているように思ったのだ。

小森先輩の家は、難波駅から南海電車に乗って十二、三分の住吉東という所にあった。

赤ちゃんを抱えた、まだ年若い奥さんは、俺たちを笑顔で迎えてくれ、手料理でもてなしてくれる。

東京帰りの俺は興奮していて、

「東京には、駅の階段にも上りと下りがあるんです」

とか、

「奥さん、東京にはニューオータニ以外にもホテルがあるって知ってました？」

とか、

「山手線って、一台の電車がずーっと回ってるわけじゃないんですよ」

「俳優座には、歌手はいないそうです」

などと、ひとりでしゃべりまくり、みんなを大笑いさせたのだった。

翌朝、先輩が仕事に出掛けると、奥さんが赤ちゃんをあやしながら言い出した。

「私、この子がいてるから、どっこも連れてってあげられへんけど、せっかく大阪に来たんやから、吉本でも見てきたら？」

「吉本って何ですか？」

「知らんのん？　新喜劇いう、めっちゃおもろい芝居とか、漫才とか落語とかや

ってはるねんよ」

漫才といえば、俳優座の人も、何か人を笑わせる芸だとか言っていたなあ、と俺は思い出す。

「どこでやってるんですか?」

りっちゃんが聞くと、

「『なんば花月』いう劇場。昨日、難波から南海電車に乗ってきたんやろ? 難波の駅で『なんば花月、どこですか』言うたら、誰でも分かると思うよ」

とのことだった。

俺とりっちゃんは、『なんば花月』に出掛けることにした。

ちょうど、土曜日で難波の駅は、ごったがえしていたが、『なんば花月』は、奥さんの言うとおり、聞けばすぐに分かった。

他に行くところもあるだろうに、土曜日の劇場は人でいっぱいだった。

生の舞台など観たことのない俺とりっちゃんは、劇場にこんなに人がいるというだけで驚きである。

「すごい人気と」

「ほんと」

けれど、舞台が始まると人気の理由はすぐに分かった。

奥さんの言葉を借りれば、『めっちゃおもろい』のである。

ギャグ連発の吉本新喜劇も笑い通しだったが、『やすしきよし』や『カウス・ボタン』の漫才、そして『笑福亭仁鶴』の落語と、とにかく一生でこんなに笑ったのは初めて、というほどの面白さだった（本来なら、師匠と書くべき先輩方ばかりだが、この頃の俺は師匠という言葉さえ知らなかった）。

その時、俺は俳優座で言われたことを思い出した。

「君は、お笑いの方が向いてるよ」

そうか、そうだったのか。

咄嗟にひらめいた俺は、

「俺、あんなんになる」

舞台の漫才を指さし、りっちゃんに言った。

「あんなん？　うん、あんたなら、なれるかも」

りっちゃんも、すんなりそう言ってくれたのだった。

あっという間に三時間ほどの舞台を見終わり、興奮さめやらぬまま、劇場を出て歩いていると、何やら人だかりがあった。

「何だろう?」

見ていると、地下の駐車場から真っ黒のロールスロイスが出てきた。

「うわあ、ちょっとあれ、天皇陛下が乗るようなやつと違う?」

目を丸くして言うりっちゃんの言葉に、俺も「うん、うん」と頷く。

と、中に乗っているのは、さきほどの仁鶴とかいう落語をやっていた、おっちゃんではないか!

キャーキャーというファンの黄色い声援に見送られ、ピカピカのロールスロイスに乗った仁鶴のおっちゃんは去っていった。

「お笑いって、十分か十五分話すだけで、あんな車に乗れるのか?」

「漫才師に、なり! 簡単そうだし」

「なる、なる! 扇子持って、『マンマンマカマカ』言うとったらいいのやろ?」

俺は、さっき見たばかりの仁鶴のおっちゃんのギャグの真似をする。

「うまい、うまい! なれる、なれる!」

ふたりで盛り上がっていると、さらに駐車場からポルシェが出てきた。乗っているのは、さっき見たカウス・ボタンである！

もう、これは絶対、漫才師になるしかないと思った、俺とりっちゃんであった。

浅はかにも、この時、俺もりっちゃんも漫才をすごーく簡単に考えていたのだ。

そして、小森先輩が仕事から帰ってくるのを待ちかまえて言った。

「先輩、俺、人生決めました」

「それは良かった。で、どうする？」

「漫才師になります」

「ちょっと待てや。本気か？」

「はい」

「けど、そんな簡単になれるもんちゃうやろ」

「いや、今日見てきたんですけど、簡単そうでした」

ここで俺は、またもや『マンマンマカマカ』をやってみせる。

褒めてくれると思った先輩は、

「アホか、お前」

テレビのチャンネルをつけた。

「それは、仁鶴さんや。めちゃくちゃ売れてるねんぞ。そう簡単になれるか」

先輩がチャンネルをカチャカチャやると、さっきの落語のおっちゃん、仁鶴さんが出ていた。

また、カチャカチャやると、漫才をやっていた人たちも出ている。

「これは、横山やすし西川きよし。天才やぞ」

「中田カウス・ボタン。若手の注目株や」

どうやら俺たちが今日、見てきたのは相当の有名人らしい。

関西の番組は、広島や佐賀ではほとんどやっていなかったから、俺もりっちゃんも全然知らなかったのだ。

「でも先輩、十分ほどしゃべってロールスロイスですよ」

俺は、あきらめきれないが、

「だから、それは一握りの人だけ」

先輩は、仕様がないなあという顔をする。

「でも、でも、一番でロールスロイスだったら、その下のランクでも、ベンツく

らい乗れるんじゃないですか」

なおも言いつのる俺に、奥さんが援護射撃してくれた。

「私はこの子、お笑いに向いてる思うわ。昨日の東京の話も、むっちゃおもろかったし」

「そうやなあ」

奥さんの意見に、先輩はちょっと心を動かされたようだった。

俺は、ここで一気に先輩を落とそうと頑張る。

「先輩、奥さんもああ言ってくれてるし。どうやったら漫才師になれるか、教えてくださいよ」

大阪の人が全員、漫才師になる方法を知っているわけではないだろうが、その時の俺は小森先輩だけが頼りだったのだ。

ところが、今思えば本当に奇跡的に、先輩はこう言い出した。

「うーん……あ、そう言えば、確かいてたぞ。吉本、知ってるいう人」

先輩は、さっそくその人に電話をかけてくれる。

聞いてみると、その人の知人が吉本に勤めているのだと言う。連絡してみて、

また先輩の家に電話をくれるということになった。

そして二、三日後、富井さんという先輩の知人の知人が会ってくれることにな り、俺は吉本興業の事務所を訪ねた。

富井さんは芸能事務所の人というより、大阪の気のいいおっちゃんという感じで、俺は安心する。

「徳永昭広です」

「あー、聞いてる、聞いてる。なんや、お笑いになりたいねんて?」

「はい。俺、漫才師になりたいんです」

「でも、まだ師匠もいてへんのやろう?」

「師匠って何ですか?」

富井さんは俺の質問にズッコケタだろうが、気のいい人らしく、芸人というのは師匠の弟子に入って芸を勉強するものなのだと教えてくれた。

この頃はまだ、お笑い芸人を養成する学校などないから、師匠につくのだけが芸人になる道だった。

といっても、漫才師という職業さえ、この間知ったばかりの俺に師匠なんて遥《はる》

か彼方《かなた》の話だった。

「とりあえず進行係でもやってみたら、どうや？　向けへんと思たら、いつ辞めてもええし」

富井さんのありがたい提案にも、俺は首を傾げる。

「進行係って何ですか？」

「舞台の幕上げたり、開演のベル鳴らしたり、落語台出したり……」

「落語台って何ですか？」

「落語家が座る台やないか。君、ほんまに大丈夫か？」

そこで、さすがに気のよさそうな富井さんも不安顔になった。

別に漫才師志望でなくても、落語台を知らない人間なんて、お笑いのメッカ、大阪にはいなかったのであろう。

俺は慌てて、富井さんに、

「大丈夫です。やります、頑張ります！」

と熱意を見せ、

「ほんなら、『うめだ花月』に行ってもらおか」

ようやく、吉本に入れてもらえることになった。

と、その時、事務所に入ってくる着物姿の人がある。

月亭可朝さんだった。

可朝さんは、

「ボインは～おとうちゃんのためだけにぃ　あるんやないでぇ～」

などという、ボインのギャグで一世を風靡。

広島のテレビ番組にも、よく出ていたので、俺も知っていた。

仁鶴さんを『落語のおっちゃん』呼ばわりした、物知らずの俺であったが、さすがにテレビで見た人が目の前にいるとドキドキする。

「うわあ、芸能人だ。この人も吉本なんか」

感激している俺を、富井さんは可朝さんに紹介してくれる。

「この子、徳永くん。『うめだ花月』に入ってもらうことにしたわ」

「へえ～、可愛い顔しとんなあ。まだ若いんやろ？　お笑いやりたいのん？」

「はい。漫才師になりたいです」

ガチガチに緊張して答えた俺に、可朝さんはニンマリ笑う。

「ほうか。また極道がひとり、増えるなあ」

「…………？」

「大変やけど、おもろい世界やでえ」

扇子をヒラヒラ揺らしながら、可朝さんは去っていった。

可朝さんの言葉の意味を俺が理解するには、そんなに時間はかからなかった。

# 第7章　初舞台とゲイバー

俺が『うめだ花月』へ通うことになったと話すと、りっちゃんも大阪で就職口を探すと言ってくれた。

佐賀では有名なデパートの経理部に勤めていたので信用があり、りっちゃんはすぐに本町の繊維問屋に雇ってもらうことができた。

次は、部屋探しである。

俺たちは大阪の右も左も分からないし、もしかしてご飯が食べられない日もあるかも知れないので、小森先輩の家の側に住むことにした。

四畳半一間の木造アパートは、日当たりが悪くトイレも共同だったが、家賃は四千円で、これならなんとか、りっちゃんの給料で払っていけそうであった（漫才修行中、俺には収入はないだろうと覚悟していた）。

中華鍋とまな板、包丁を揃《そろ》え、トランクから、例のしゃもじと杓子、おろし金を出す（なぜ中華鍋かというと、これひとつでみそ汁も、炒め物も、ご飯だって

炊けるからだ。鍋とか釜とか炊飯器とか、いろいろ揃えるのは無理、という時は中華鍋をひとつ！　これはみなさん、ぜひ覚えておいてください）。

それから、近所の八百屋さんからリンゴの空き箱をもらってきて、横に立てて両側の上部に穴をあけ、針金を通した。そこにりっちゃんが繊維問屋からもらってきた端切《はぎ》れで縫った小さなカーテンをかけると、即席の食器棚のできあがりだ。

茶碗とお椀、お箸に湯飲みをそれぞれ二組ずつ食器棚に入れると、なんだかくすぐったいような嬉しさが、クックツとこみ上げてくる。

もう行き先に迷うことはない。

ボロくても、せまくても、ここは俺たちの家だ。

いつ帰ってきてもいいし、自分のお茶碗もお箸も、いつもここにあるのだ。

ひと心地つくと、俺はりっちゃんに家へ電話するように言った。

アパートに電話を引く余裕なんて、当然なかった俺たちは、十円玉を百枚ほども用意して、公園の公衆電話へ向かう。

電話には、お母さんが出たようだ。

りっちゃんが大阪にアパートを借りたこと、本町の繊維問屋に勤めたことなどを話すと、お母さんは娘の無事に、まずはひと安心した様子だったが、横にいるなら俺に代われと言っていると言う。

俺は、緊張しながら受話器を握る。

「こんにちは」

「こんにちは、じゃないと。あんたねえ、どれだけ心配したと思ってるの？ おたくの親戚の人も気の毒に、『すみません、すみません。お嬢さんを連れだして』って、血相かえて謝りにこられたと。そういうことになってるのが、分かってるの？」

「はい。すみません」

「あんたも、ちゃんと家に連絡しなさいよ」

「はい」

「でも、まあ、とにかく元気で良かったと。もう一回、律子に代わって」

再び、りっちゃんに代わると、お母さんはアパートや勤務先の住所、電話番号などを詳しく聞いているようだった。

お母さんの助言通り、俺も家に電話をして、心配かけたことをかあちゃんに詫《わ》びた。

それから、ばあちゃんには手紙を書いた。
二、三日すると、りっちゃんの家からやたら大きな荷物が届く。
中身は、布団が二組だった。

お母さんが、りっちゃんの居所が分かったと言うと、

「布団だけ送れ！」

お父さんが、そう怒鳴ったのだそうだ。

それまでは薄い毛布一枚にくるまって寝ていたので、ありがたい贈り物だった。

狭い押入に立派な布団二組は入りきらず、一組は畳んで部屋に置いておくしかなかったけれど、すりきれた畳の部屋に不似合いなフカフカの立派な布団は、俺たちを少しだけリッチな気分にしてくれたのだった。

そして、ばあちゃんからは、ご飯粒をつぶした糊《のり》で三千円をくっつけた手紙が届いた。

『元気で頑張りなさい。これは、何かの足しにしてください』

そんな内容の手紙だった。大切にとっておいたはずなのに、いつの間にかなくしてしまったのは残念だ。

さて、俺の初仕事の日は五月五日、こどもの日だった。

連休中とあって、客席は大入り満員。

落語、漫才、手品、新喜劇……、次から次へと楽しい舞台が繰り広げられ、観客席の笑いは絶えない。

働いている俺も、自然とニコニコ顔になる。

俺は、これは最高の職場だと思った。

舞台にはきらめくライトがあって、お客さんがニコニコ、それを見ている俺もニコニコ。

暗くなる要素なんて、ひとっつもないのだから。

毎日、ニコニコと働いている俺だったが、中でも一番、ニコニコ顔になるのは、いつもトリをとっていた島田洋之介、今喜多代の漫才コンビを見る時だった。

面白いだけでなく、今喜多代さんは美人だし、洋之介師匠はあったかい雰囲気

で、俺はすっかり惚《ほ》れ込んでしまい、弟子になるならこの人しかない！　と、早速お願いに行ったのだった。

でも、そういう人だから人望も厚く、他にもお弟子さんがいっぱいいて、なかなか「うん」とは言ってもらえない。

俺は、熱意を見てもらおうと、毎日、毎日、

「お願いします。弟子入りさせてください」

と頼み込み続け、一ヶ月と四日目にして、ようやく洋之介師匠から弟子入りを許されたのだった。

もちろん弟子入りをお願いしている間も、進行係の仕事はきちんと続け、気がつくと、あっという間に二ヶ月ほどが経っていた。

そんなある日、俺を吉本に入れてくれた富井さんがうめだ花月にやってきた。

「よう、徳永くん、元気でやっとるか」

「はい。その節は、ありがとうございました」

「洋之介師匠に弟子入りしたって？」

「はい。お陰様で」

「ところで君、給料はちゃんともろてるやろうな?」

「え?　もらってませんけど」

「あかんやないか」

「いや……見習いはタダとか聞いてたんですけど……」

「そんなこと、あるかい。アルバイト扱いやろうけど、なんぼか出てるはずや。もう、何ヶ月いてる?」

「二ヶ月です」

「よっしゃ。わしが経理で調べたろう」

富井さんが調べてくれると、やはり俺には一ヶ月一万二千円というアルバイト料が出ているはずと言う。

税金などを引いて二ヶ月分で二万円余りの給料が、その日のうちに支払われた。

二万円の入った封筒を頭を下げて受け取ると、俺は慌ててトイレに駆け込む。

たった二万円だけど、去年の夏、やけを起こして八百屋を辞めてから、初めて俺が稼いだ金だ。

しかもこの金は、俺が、新たな夢、漫才師への第一歩を踏み出した金なのだ。

そう思うと、涙があふれて止まらなくて、でも、トイレでただ泣き崩れているのも恥ずかしくて。とりあえず便器に向かって用を足しながら、ボロボロ泣いているという、なんともみっともない図になってしまった。

さて、運のいいことに、俺はそれからしばらくの後、漫才コンビを組むことができた。

当初は進行の仕事も続けることになったが、コンビを組んでいるのといないのとでは、心構えがまるで違う。

はじめての相方、萩原くんは桂三枝さんの紹介である。

当時、三枝さんは、関西の若者に絶大な人気を誇る、公開バラエティ番組『ヤングおー！　おー！』の司会をされていたのだが、萩原くんはその前説（番組収録が始まる前に、お客さんにいろんな注意をしたり、拍手の練習をしたりする人）をしていた有望株の新人だった。

「あいつはセンスがあるぞ」

などと、三枝師匠も一目置いている。

その萩原くんとコンビを組んだ俺は、名古屋の劇場で初舞台を踏むことになった。

吉本興業が、今のような若手向けの小劇場を持つのは、ずっと先の話で、その頃は、新人は地方公演から始めるというのが常識だった。

俺は初めての舞台でドキドキしていたが、前説とはいえ公開番組のレギュラーを持っている萩原くんは慣れた様子だった。

「洋一は、俺の言うとおりやってたらええから」

俺は、師匠から島田洋一という名前をもらっていた。ちなみに萩原くんの芸名は、団順一である。

この頃の俺は、素人も素人で、それこそ漫才の「ま」の字も分かっていなかった。もちろんネタも全部、先輩の萩原くんにおまかせである。

でも、いくら萩原くんに頼っていればいいと言っても、初めて舞台に立つ俺のドキドキはおさまらない。

開演のベルが鳴り、緞帳《どんちょう》が開いた。

前座の前座という立場の俺たちは、当然トップバッターだ。

が、舞台に登場し、座席を見て俺は拍子抜けした。

お客さんは、なんとたったの五人だったのだ！

進行係とはいえ、毎日、花月で何百人ものお客さんを見ている俺は急にリラックスして、萩原くんと二人、大爆笑をとることができた。

舞台を下りると、「いや〜ん、いや〜ん」のギャグで知られる、ルーキー新一さんに呼び止められる。

「おい、君ら。もう何年やってんねん？」

「今日、初舞台です」

萩原くんが答えると、ルーキーさんはまたまた、という感じで笑う。

「嘘、言え」

「本当です。団順一です。よろしくお願いします」

「洋之介期待の弟子、洋一です。よろしくお願いします」

「へーえ？　洋之介くんとこの。ほんまに初めてか。すごいこっちゃなあ、それはまた」

以降、十日間の寄席の間、ルーキーさんは俺たちの舞台を見ては、あれこれア

ドバイスしてくださった。

「うん、君らは伸びるぞ」

と言いながら。

すごく勉強になったし、自信もついた。

ルーキーさんには、本当に感謝している。

十日間の寄席の間、東西から集まった芸人たちは、近所のホテルに宿泊していたが、前座の前座の俺たちは、劇場の楽屋に寝泊まりすることになっていた。

この劇場の進行係は、みんなから『あーちゃん』と呼ばれている青年で、料理が上手《うま》く、楽屋についている小さな台所で器用に家庭料理を作っては、俺たちに食べさせてくれたりする。

物腰柔らかく、親切でいい青年なのだが、

「あなたたち、絶対、売れるわよ」

「大丈夫、保証するわ」

などという言い方が、どうにもフニャフニャしていて可笑しく、俺はこっそり

萩原くんにささやく。

「なんか、クネクネ、フニャフニャした人やなあ」

萩原くんは、ニヤニヤ笑う。

「オカマやろ」

「オカマ?」

「化粧はしてへんけど、あれはオカマやて」

「オカマって何?」

「お前、オカマも知らんのか」

「うん」

「男やけど男が好きでな、女みたいな格好したりするんや」

「ふうん」

そう言われても、ピンとこない俺だった。

そして、舞台七日目のこと。

その日は土曜日で、さすがに寄席は大入り満員だった。

七日目とあって、もうかなり舞台にも慣れていた俺たちは、そこでも大爆笑を

とることができた。

すると、あーちゃんが、

「お疲れさま。今夜は、あたしのバイト先にいらっしゃい。奢《おご》ったげるから」

と言うのである。

あーちゃんは週に何度か、バーでアルバイトをしているらしい。

「きっとゲイバーやぞ」

萩原くんは言うが、俺にはそのゲイバーというのも分からない。

教えられた店のドアを開けると、

「いらっしゃーい」

妖艶《ようえん》な美女が、満面の笑顔で迎えてくれた。

「待ってたわよ〜ん」

なんと、素晴らしい美女だと思ったのは、化粧をしてドレスをまとったあーちゃんだった！

他の人たちも、男だと言われてもとても信じられないくらい美しく、スタイルもいい。それに、みんな香水でもつけているのか、とてもいい匂いがした。

「はい、お代わりどうぞ」

なんて、気配りも万全だ。

初めて体験する艶《なま》めかしい都会の夜の世界に、ドキドキしっぱなしの一夜だった。


さて、この寄席では、初めて芸人の世界をかいま見るエピソードもあった。

この寄席のトリは、東京から来られている雷門助六師匠だったが、豆吉さんというお弟子さんも一緒に来られていて、舞台に出る他、師匠の身の回りの世話なども、細々とされているようだった。

その豆吉さんは、若手の俺たちに優しく、江戸っ子らしいチャキチャキした話しぶりで、

「君たち、大阪から来てんの？　うちの師匠、もう歳だから寝んの早くってさ。師匠が寝ちまったら、ご馳走《ちそう》してあげるから来なよ」

なんて、毎晩のように劇場の横にある『すき焼きとしゃぶしゃぶの店』へ連れていってくれるのだった。

そして、お酒が入ると、

「いいかい？　芸ってもんはさあ、辛抱しなきゃダメだよ」

などなど、芸について熱く語ってくれた。

この世界に入ったばかりの俺は、すき焼きやしゃぶしゃぶはもちろん嬉しかったけれど、酒場で芸の話をしているというのが、なんだかカッコ良くて嬉しかったものだ。

そして、懐《ふところ》から分厚い財布を出して、

「お勘定！」

なんて言う豆吉さんに憧れの目を向けていた。

ところが、今日で寄席も終わりという日。

助六師匠の怒声が、楽屋中に響き渡った。

「クビだっ！　出ていけっ！」

怒鳴られているのは、豆吉さんである。

「人の財布、黙って使うような奴は、泥棒だっ！　弟子じゃないっ！　出ていけ——っ!!」

「いや、あの……関西から来てる若手が、お腹すいてるって言うんで……それで、ちょっと……あの……ええ格好してしまいまして……」

なんと、豆吉さんは師匠から預かった財布で、俺たちに毎日のようにご馳走してくれていたのだった!!

俺はビックリして、そしてなんだか申し訳なく思った。

俺たちにご馳走してくれたせいで、破門になったらどうしよう。

けれど、まさに雷さまのように怒っていた雷門助六師匠は、しばらくすると落ち着きを取り戻した。

「ま、そういうことだったら、ご馳走してやったらいいけど。黙ってすることないだろ? 一言、言いなさいよ」

何だか分からないが、どうやらクビの話はなくなったらしい。

ホッとした俺だったが、それでも一言、豆吉さんに謝ろうと思った。

「兄さん、すいません。俺たちのために」

すると、さっきまで青い顔をして師匠に平謝りしていた豆吉さんは、

「いいの、いいの。うちの師匠、食わないし、すぐ寝ちまうし。あんなに金あっ

たって、意味ないんだからさ」

けろっとして、呑気《のんき》そうに笑うのであった。

あんな大金を黙って使われたのに許してしまう助六師匠もすごいが、叱られても呑気に笑っている豆吉さんもすごかった。

「また極道がひとり増えるな。大変やけど、おもろい世界やでぇ」

月亭可朝師匠の言葉が、俺の耳にこだましていた。

# 第8章　漫才修業と貧乏生活

大阪には、キタとミナミと呼ばれる繁華街があり、俺が小森さんの奥さんに勧められて観に行った花月は、ミナミと呼ばれる難波にある『なんば花月』。そして、勤めることになった『うめだ花月』は、キタと呼ばれる梅田にあった。

『うめだ花月』の進行係になって、初めて仲良くなったのは間寛平だった。

今では日本中のお茶の間で知られ、親しみを込めて『寛平ちゃん』と呼ばれている彼だが、当時は新喜劇一の新入りだった。

幕が開くと同時に登場し、「マスター、配達に行ってきまーす」の一言で、舞台からハケておしまい。なんて役ばかりで、後はずっと進行係をやっていた俺と一緒に舞台袖にいるので、すぐに仲良くなった。

大概の親は、子どもが芸人になるのなんて反対だろうが、寛平ちゃんの両親もそうらしく、家に帰っても面白くない様子だったので、ある時、

「うちに泊まれば？」

と誘ったら、二日に一遍は泊まっていくようになってしまった。合い鍵まで持っていて、りっちゃんとの甘い新婚生活のはずが、いつの間にか寛平ちゃんと三人の共同生活になっているのであった。

さて、そんなある日、いつものように寛平ちゃんと俺は、仲良くボロアパートに帰ってきた。

一日働いてきたのだから、若いふたりは腹ぺこである。

早速、冷蔵庫を開けてみるが、マヨネーズとケチャップしかない。

進行係をしているうちは俺にも少しばかりの収入があったが、やがて漫才修業が中心となるにつれて、それもなくなり、今やりっちゃんが繊維問屋で稼いでくる月給四万円だけが頼りだった。

そんなわけで、俺たちはいつも貧乏で腹を空《す》かせていたのだった(師匠と一緒にいると、ご飯は食べさせてもらえたが、いつも一緒というわけではなかったし、若い俺たちは、一食くらい腹いっぱい食べても、またすぐにお腹が空いた)。

「マヨネーズとケチャップだけかあ」

空っぽの冷蔵庫の前で、俺が茫然としていると、寛平ちゃんがいきなり、マヨ

ネーズのチューブをくわえ、チュウチュウと吸い始めた！

「けっこう、いけるで」

寛平ちゃんが言うので、腹ぺこだった俺も、

「俺も吸わして」

ふたりでマヨネーズを「チュッ、チュッ」とやっていると、勤めを終えたりっちゃんが帰ってくる。

「何、してるの？」

「いや、腹が減って……」

「そうか。でも、私も給料日前だからなあ」

空きっ腹を抱えて、三人で考え込んでしまった。

俺は、こんな時、ばあちゃんの家なら川に野菜が流れてくるのに……と思っていて、ひらめいた！

早速、寛平ちゃんとふたりで、近所の八百屋さんに出掛ける。

「あのぉ、ウサギにやるんですけど、これ、もらってもええですか？」

俺たちは、キャベツや白菜の外側の葉などのクズ野菜が入れてある箱を指さし

て言った。

昔、ばあちゃんの家では、ニワトリを飼っていて、よくこういうクズ野菜を餌にもらっていたのだ。そして、本当に家に何もない日は、人間もそれを料理して食べたものだ。

「ええけど……ホンマはお前らが、ウサギちゃうんか？」

すべてお見通しらしい八百屋のおっちゃんが、大阪人らしくおどけて言うので、俺と寛平ちゃんも芸人の卵らしく、

「はーい、ウサギでーす」

手を頭の横につけてウサギの耳に見立て、ぴょこんと跳んでみせたりする。

「あほか。ほら、これ持っていきや」

おっちゃんは大笑いしながら、大きな白菜を半分に切って渡してくれた。

家にはテーブルもないので、段ボール箱にりっちゃんがもらってくる端切れを被せて代用していたが、ちょっと汁気のものをこぼすとベコベコになるので、しょっちゅう、段ボール箱を取り換えなければならない。その段ボール箱も、いつもこの八百屋さんからもらっていたので、おっちゃんは、うちの生活をなんとな

く分かっていたのだろう。

持って帰った白菜を中華鍋で茹《ゆ》で、熱々のところにマヨネーズをかけて食べると、本当においしかった。

もう一件、近所でいつもお世話になっていたのは、自家製パンの店である。

この店では、毎朝、サンドイッチにするために切った食パンの耳を、大きなビニール袋に詰めて置いてくれてある。欲しい人は、先着順で自由に持ち帰っていいのだが、りっちゃんはいつも早起きして、大きなビニール袋いっぱいのパンの耳を提げて帰ってきてくれた。

これも耳とはいえ、朝焼きたてのパンだから、フワフワでとてもおいしかった。

そんな暮らしの俺たちだったから、花月に来るお客さんたちが座席に残して帰るお菓子や弁当は、大切な食料源だった。

さすがに食べ残しは、何があるか分からないので食べなかったが、封の開いていない菓子類は、当然のごとく頂戴《ちょうだい》した。

問題は、封の開いていない弁当である。

さすが飽食・日本。折り詰めの寿司がそっくりそのまま残っていたりするのだ。

だが、

「昼の寿司は、悪くなってるから食べたらあかんよ」

清掃係のおばちゃんは、厳しい口調で言う。

花月では、昼と夕方の二回公演があるのだが、お昼の部の分は、気温も高いし傷んでいるだろうから食べてはいけないと言うのである。

けれど、腹ぺこの寛平ちゃんと俺は、手をつけていない寿司を捨てるなんてできない！　と思った。

そこで、生魚はあきらめても、なんとか白いご飯だけでも食べようと、給湯室でにぎり寿司のご飯部分をおかゆにするという荒技を思い立ったのだった。

ワサビがきれいに取りきれないので、おかゆはほのかな緑色になったが、そこもご愛嬌。ふんわりワサビ風味で、醤油をかけて食べれば、食べられないことはなかった。

おかきを砕いて入れると、香ばしさが加わってグー！　なんて発見もした。

ある日も、俺と寛平ちゃんが、ふたりでフーフー言いながら、楽屋で緑色のお

かゆを食べていると、奥目の八っちゃんでおなじみの岡八朗さんがやってきた。

「何、食ってんの？　うまそうやな」

岡さんは、俺たちが湯飲み茶碗からすする、薄緑色のおかゆを覗《のぞ》き込む。

「なんや、緑色でうまそうやないか。ちょっと、くれや」

もったいないから食べているだけで、うまいわけではない。

とても、岡さんのような人に食べさせる代物《しろもの》ではなかったので、俺たちは慌てて断る。

「いや、これはダメです」

しかし、人間、食べられないとなると、ますます食べたくなるらしく……、

「ええから、ちょっと……」

「ああっ、ダメですってば！」

岡さんは、俺の持っていた茶碗を取り上げ、ズズッとおかゆをすすった。

「わっ！　なんや、これ。まずっ！　あほか、ようこんなん食うわ」

案の定、叱られてしまったのであった。

それから、劇場には菓子パンもよく残されていた。

今のように賞味期限など書かれていないから、俺たちはパンを見つけると、清掃のおばちゃんに見せに行く。

「おばちゃん、おばちゃん。これ、食べれるかなあ?」

おばちゃんは、劇場での拾いもののプロだから、クンクンと匂いを嗅《か》いでは、

「うーん……いける、大丈夫」

とか、

「あかん、あかん。お腹こわすで、やめとき!」

などと判断してくれるのだった。

ところがある時、劇場に落ちていた千円札を拾い、寛平ちゃんと大喜びしていたら、

「これは、あたしらのもんって決まってんの。掃除のおばちゃんの特権!」

と、取り上げられてしまった。

「ええーっ!?」

ほとんど泣きそうになった俺たちに、おばちゃんは慌てて、

「うそ、うそ」

と笑った。

「でも、半分ずつな」

ちゃっかり、半額は巻き上げられてしまったが……。

俺も、ばあちゃんが掃除婦をしていたのでよく分かるが、人の汚した後を掃除するというのは、大変な仕事だ。

キツイ仕事を頑張っているおばちゃんたちにとって、時たま見つける小銭は、神様からのお駄賃みたいなものだったと思う。財布を拾えば、もちろん届けるが、少額の現金は、どうせ誰のものか分からないのだから見逃してあげて欲しい。


そんなこんなで、寛平ちゃんとバカなことばっかりやっている間に、いつの間にやら俺とりっちゃんの愛の巣は、若手芸人のたまり場と化していた。

若手芸人が持っているものといえば、夢だけである。

俺たちは集まっては、夢ばかり語り合っていた。

「売れたら、こんな番組を持ちたい」

に始まって、

「売れたら、寿司屋で腹いっぱい食う」

とか、

「売れたら、すっげぇ豪邸を建てる」

とか、

「俺が売れたら、お前らも引っ張ってやるぜぇ」

なんて言い出すやつもいる。

夜が更けるほどに、師匠の悪口や、だれそれの芸への批判なども加わり、やがて夜が白々と明けてくるという日々である。

こう書いていくと、いかにも酒でも酌み交わしていそうな雰囲気だが、貧乏な若手芸人の家に、朝まで飲み明かすほどの酒があるわけない。

このあたりは、さすが芸人志望の集まりで、水を酌み交わしながらも、

「ほら、もっと呑めや」

「あー、あー、そんなに注《つ》いだら、呑まれへんよ」

「まあ、そう言わんと」

「かなわんなあ。酔うてしまうわ」

などと芝居っけたっぷりに言い合い、おかきやスルメを囓《かじ》りながら、

「うっわあ、このトロ、うま〜」

「お前、このカニ、半分食うか」

「いや、俺、昨日もカニやったから、いらんわ」

なんてやって、その気になっていた。

若手落語家が上手に酒をすするふりをしてみせると、手品師の卵は覚えたてのネタで思わぬところからハンカチを出してみせ、

「わっ、ケーキが出ました、ケーキですよ」

「わあ、ほんまや。世界広しといえど、本物のケーキを出すのは、彼だけですよ」

と騒いでいる。

この悪ふざけは朝まで続き、水道の水をゴクゴク飲みながら、

「ふはーっ、うまいっ。朝は、やっぱりパイナップルジュースに限るねえ」

とか言ってるものだから、隣のおばちゃんに、

「あんたら、ええもん食べてんのねえ」

ほとほと感心されてしまうくらいだった。

けれど、さすがの俺たちにも大人《おとな》しい夜もあった。

それは、ある日のこと。

みんなが集まると、りっちゃんはいつものようにお茶を出してくれた。

けれど、それきり、おかきもパンの耳さえ出てこない。

「何も、ないのだな」

みんな暗黙のうちに了解した。

状況は分かっているので、誰ひとり、

「腹、減ったなあ」

とも口にしない。

けれど、腹が減りすぎて、いつものように夢を語る気力もなく、

「寝よか」

と早々に雑魚寝《ざこね》してしまったのだった。

真夜中に、空きっ腹を抱えて目を覚ますと、誰かのお腹が、

「グー」

と鳴っている。

ボロい四畳半に雑魚寝しながら、他人のお腹の音を聞いていると、夢も干からびる思いだった。


それにしても、りっちゃんというのは芸人の嫁にぴったりの女性で、俺たちが毎晩毎晩、夜遅くまで騒いでいても、怒るどころかキャッキャッと自分も一緒に大笑いしている。

そして、夜二時三時まで騒いでいても、翌朝七時になると、ちゃんと繊維問屋に出勤していくのだった。

その上、りっちゃんは、

「お前も食えよ」

食べ物を勧めても、

「ううん。私はいい」

と滅多に食べない奥ゆかしい人である。

俺はともかく他の若手芸人たちも、そんなりっちゃんにすっかり甘えていて、給料日には勤めているビルの前で待ち伏せする。

俺と寛平ちゃん、それに後から入ってきた後輩の島田紳助なども加わって、りっちゃんの勤めが終わるのをビルの前で待つのである。

考えてみれば、大の男がよってたかって情けない話だが、りっちゃんは怒ったりせず、仕様がないなあという笑顔で、ラーメン屋さんに連れていってくれる。

けれど、調子に乗って、

「チャーシュー麵！」

なんて言おうものなら、

「それはダメ！　贅沢！」

手厳しく叱られるのだった。

それでも、あまりに俺たちがチャーシュー麵をねだるので、

「もう根負けしたわ」

りっちゃんではなく、ラーメン屋のおじさんが根負けしてチャーシューをオマケしてくれたこともあった。

いつも腹ぺこだったが、同じ夢を持った仲間や、その夢を支えてくれるりっちゃんに囲まれて、幸せな青春の日々だった。

それにしても、いつ思い出しても、りっちゃんは自分が食べもせず、俺たちに食べさせてくれて、天使のような人だなあと思っていたのだが、最近になってよくよく聞いてみると……、

「会社では、仕出しのお弁当を申し込んでたから、毎日、お昼ごはんはお腹いっぱい食べてたよ。それに、いつも出張した誰かのお土産なんかがあって、おやつも食べ放題だったし。あとね、よく上司の人が『りっちゃん、お寿司奢ったろか』なんて誘ってくれたりして……」

だそうである。

うーん……、俺が緑のおかゆをすっている間に、りっちゃんが寿司を食っていたとは知らなかった。

もちろん、これを聞いたからって、りっちゃんがよくやってくれたことに変わりはないのだが……。

# 第9章　B&Bの誕生と崩壊

萩原くんと俺が、晴れて花月の舞台を踏むことになった。

当時は、舞台が開演する前に、新人が吉本の偉い人たちにネタを見てもらう『手見せ』という風習があって、それに通ると花月の前座に出られるのだが、萩原くんと俺は、その『手見せ』に通ったのだ。

前座とはいえ、『めくり』（日めくりのような紙に、出演順に一枚ずつ出演者の名前が書いてあり、出番が来るとめくっていって、今、誰が舞台に出ているか分かる仕掛けになっているもの）にも載せてもらうことができる。

そこで俺が、美術部の人に芸名を伝えに行くことになった。

けれど俺は、芸名に関してはこだわりがあった。

師匠からもらった島田洋一という名に不服はないのだが、『コメディNo.1』や『中田カウス・ボタン』が売れていて、俺もそういうカッコいい横文字のネーミングが欲しかったのだ。

実はコンビを組むときも、俺は師匠にそれとなく言ってみていた。

「あの……師匠、コンビ名はどうしましょうか」

「ん？　お前は島田洋一やし、向こうは団順一やし、それでええやろ」

「あの……上に、何かつきませんでしょうか？」

「何かて、何をつけんねん？」

「え……いや……結構です」

ちゃんと島田洋一という名前をいただいているのに、チャラチャラした横文字を付けたいなんて、言い出せない俺であった。

でも、『めくり』に書いてもらえるなら、やっぱり、

『団順一
島田洋一』

なんて平凡な感じじゃなく、何か素敵な名前が欲しい。

そう思っていた俺は、美術部に芸名を伝えに行ったとき、ついつい言ってしまっていた。

「あ、団順一と島田洋一です。それから、上にB&Bって入れてください」

「なんや？　それ」

「いや……ボーイ&ボーイの略です。カッコいいと思います」

「ふうん。師匠は、ええって言いはったん？」

「は……はい」

大嘘だった。

でも、俺の頭の中では、ちょっとした計算があった。

俺たちは前座。一方、師匠は大ベテランであるから、出番はうんと遅い。

師匠が俺たちの『めくり』を見ることなど、まずないだろうと踏んだのである。

そして、しばらくは俺の思惑通り、コトはうまく運んでいた。

ところが二ヶ月ほど経ったある時、師匠がやってきてしまったのだ！

何でも後ろに他の仕事が入ったので、出番を早くしてもらったとのこと。そして、こういう機会は滅多にないので、俺の漫才を見てやろうと思い、さらに早く来てくれたのだと言う。

有難い話だが、俺はネタどころではなくなってしまった。

舞台を観た師匠が『めくり』に気づかないはずはなく、案の定、俺は呼び出し

を食らう。

「お前、何か上についてたぞ。Bとかなんとか。何や、あれは？」

「いや、あの、実は宣伝部の人から、同じ一門じゃないから名前がバラバラで分かりにくいって言われまして。ふたりで何とかっていう名前をつけたほうがいいということになりまして……」

「ふうん」

「はい」

「分かりやすいのか、あれは」

「はい。B&B。ボーイ&ボーイという意味です」

「そうか」

苦しい言い訳で何とか事なきを得たのだったが、これはやはり、うちの師匠、島田洋之介が滅多にない優しい人柄だったからだ。

他の師匠だったら、破門にされるという可能性もあったんじゃないかと思う。

さて、萩原くんと組んだB&Bは順調で、関西ローカルながらレギュラー番組も持ち、NHKの漫才コンテストでも、いい線をいくのではないかと噂されるま

でになっていた。

ところが、決勝戦を四日後に控えたある日のことだった。

B&Bは営業で有馬温泉へ行った。

この舞台のメインは仁鶴師匠で、俺たちは先に師匠を送った後、

「また、明日な」

と別れた。

コンビを組んで以来、すっかり見慣れた風景だったが……。

次の日。舞台の時間になっても、萩原くんの姿が見えない。

連絡もないし、何かあったのかと思って心配していると、専務も心配顔で楽屋にやってきた。

「団順一が来てないって？　ひとり暮らしやから、中で倒れとんのかも知れん。洋一、行って見てきたれ」

そこで俺は、アパートに行って呼び鈴を押してみた。

が、応答はない。

「本当に、倒れているのかも……」

訳を話し、管理人さんに鍵を開けてもらうと、部屋は雑然としていた。

空っぽ、というわけではないのだが、荒らされて半分くらい荷物がなくなっているという感じ。

「泥棒？」

とも思ったが、俺と同じく貧乏している萩原くんだから、盗《と》られるほどのものは何もない。

やがて、管理人さんが俺に一枚の紙を示した。

「これが、机の上にありましたよ」

そこには、見覚えのある萩原くんの字で、

『管理人さんへ　あとの物は捨ててください。僕は大丈夫です。さようなら』

と書かれていた。

何がどうなったのか、萩原くんに何が起こったのか、俺にはさっぱり分からなかった。

でも、萩原くんは失踪してしまった。それだけは、事実だった。

今も俺は、その失踪の理由を知らないが、萩原くんはその後、何年もしてから

大阪に舞い戻り、今では著名な構成作家となっている。

萩原くんを失った後、コンビを組んだのは、上方真一という小柄な青年だった。

萩原くんの稀《まれ》にみる才能に刺激を受けていた俺は、ネタも自分で作るようになっていた。

新生B&Bはすぐに軌道に乗り、『NHK上方漫才コンテスト優秀話術賞』という名誉ある賞をいただく。

賞の威力はすごく、すぐにいくつかのテレビ番組に、レギュラーの依頼が入った。

そしてその中に、全国ネットの番組があったのだ！

吉本ではそれまで、全国ネットのレギュラー番組を持っている芸人はいなかった。

しかも、番組はゴールデンタイムのバラエティで、共演者も芸人だけではなく、西城秀樹や森進一などのアイドル歌手と一緒である。

この番組で俺は、東京の威力を思い知らされた。

それまでは、
いくらばあちゃんやかあちゃんに言っても、

「テレビに出てる」

「見たことないよ」

と言われていたのに、このバラエティに出るようになってからは、

「見てる、見てる。森進一さんと一緒に映ってたと。すごかあ」

ばあちゃんもかあちゃんも、感心して喜んでくれるようになったのだ。

それに、東京の芸能界は待遇もまるで違う。

歌手なんて、若い人でも三人も四人もマネージャーが付いていて、いかにも
『スター』という感じだった。

俺はすっかり東京に魅了され、東京に進出したいと思うようになっていた。

そして、コンビを組んで二年が経った頃、相方の真一に言った。

「なあ、東京で一発、勝負せえへんか？」

真一は、ひどく驚いた様子だった。

「でも……東京には吉本、ないやろ？」

「吉本もないし、俺、大阪育ちやろ？　悪いけど、東京にはよう行かんわ」

「うん。ないなあ」

真一は、申し訳なさそうに言った。

大阪の人は、良くも悪くも大阪を離れたがらない人が多い。それだけ大阪が魅力的な町だということなのだろうが、田舎者の俺には、首都・東京への憧れは捨てきれなかった。

俺たちは話し合って、結局、解散することにした。

その後、上方真一は上方よしおと改名し、西川のりおと『のりおよしお』のコンビを組んだ。

漫才ブームでは、俺たちはまた、随分一緒に仕事をすることになるが、それはこの後、何年も先の話である。

# 第10章　ばあちゃんとりっちゃん

上方真一という相方を失った俺は、途方に暮れた。

せっかくいくつものレギュラー番組を抱えていたのに、コンビ解消とともに、それも失ってしまったのである。

まさに、振り出しに戻ったという感じ。

俺は、二十四歳になっていた。

「なんで、俺ばっかりうまくいかんと」

野球もダメ。

漫才もダメ。

俺の人生は、とことんついてないと思ったら、思ったそばからこれまでの二十四年間の、つらかった思い出ばかりがこみ上げてきた。

小さい頃、働きに出ているかあちゃんが恋しくて、広島の夜の町をさまよい歩いた遠い記憶。

それが危ないからと、無理矢理かあちゃんの側を離され、佐賀のばあちゃんの家に預けられた日の心細さ。

お金がなくて、川から燃料にする木ぎれや木っ端《こば》を拾い上げていると、「拾いや」とからかわれたこと。

お腹が空いて眠れず、寒さに震えた冬の夜。

誰も観に来てくれなかった運動会。

そして、そんな中でやっと見つけた夢、野球まで怪我で失ってしまったこと。

考えれば考えるほど、俺の人生はなんてつまらないものなんだと思えてきた。

いてもたってもいられなくなった俺は、家を飛び出すと、ズボンのポケットからなけなしの千円札を引っ張り出し、たばこ屋で両替した。

乱暴に赤電話の受話器を取り、十円玉を投げ込んでダイヤルを回す。

『はい。もしもし？』

ばあちゃんの声だ！

思った瞬間、俺の口は勝手に動き出した。

「ばあちゃん！　なんでや⁉」

『え？　お前、昭広か？』

「なんで、俺だけこんな目にあうと？」

『昭広？』

「ちっちゃい頃から俺、ばあちゃんに預けられて、ばあちゃんは好きやけど、かあちゃんに会えなくて、ずっとずっと寂しかった。かあちゃんさえ、俺を手放さなかったらあんなつらい思いをしないですんだのに！　でも……それでも、野球、頑張ったのに……頑張ったのに、怪我なんかして……」

『昭広？　どうしたと？』

「ばあちゃん！　それでも俺、誰も恨まんかったよ！　みんな、大学で野球やって、有名になって……うらやましかったけど、誰も恨まんかった……やっと、やっと漫才師になろうと思ったのに……なんでや！　なんで、俺だけ、こんなんや」

『漫才、頑張っとるんやないのか？』

「…………」

『どうした？』

「また……コンビ、あかんようになった……」

『そうか……』

ばあちゃんが、受話器の向こうで息を飲んだのが分かった。

カチャン、カチャン、と十円玉の落ちていく音だけが受話器から響く。

怒りがこみ上げてきて、俺は、また繰り返す。

「ばあちゃん、なんで俺だけ、こんなついてないと？　ちっちゃい頃から貧乏で、ばあちゃんに預けられて……」

『分かった』

「何が、分かったと？」

『お前の気持ちは、もう、よう分かったから、よかと。電話代がもったいないから、切るよ』

ガチャン。ツー、ツー、ツー。

電話は、一方的に切られてしまった。

「ばあちゃんに、何が分かるっ!!」

俺は、受話器を乱暴に叩きつけた。

もう一度、かけてやろうかとも思ったが、それもバカバカしくなって、大股で歩き出す。

「畜生、畜生、なんで俺だけこんなんやねん」

初めは、そんな思いばかりがこみ上げてきて、腹を立てて歩いていた俺だったが、だんだん、ばあちゃんにひどいことを言ってしまったと思い始めた。

そうすると、今度は心の中が後悔でいっぱいになる。

「俺、何てこと、言ってしまったんやろう。ばあちゃんは何も悪くないのに、八つ当たりして。何て言って、あやまろう」

コンビ解消のショックに、ばあちゃんへの深い後悔の気持ちまで加わって、どうしていいか分からないままに、何日かが過ぎた。

そんなある日、家に帰ると、

「これ、来てたよ」

りっちゃんが、一通の封筒を差し出した。

差出人は、ばあちゃんだ。

俺は、あわてて封を切る。

見慣れた、ばあちゃんの文字だ。

『昭広へ

この間は、電話をくれたのに、すぐに切ってしまってごめんね。

あの時、お前は頭に血が上ってたから、切ったほうがいいと思いました。

ところで昭広、最近、ばあちゃんはいいことがありました。

ばあちゃんは、今でも毎日、掃除の仕事をしていますが、この間から小学校のトイレが随分、きれいなのです。

おかしいなあと思っていたら、子どもたちが放課後に、掃除をしてくれているのだと、ある人が教えてくれました。

「毎日、おばあちゃんが掃除していて悪いから。できるところは、自分たちでやろう」

誰かがそんな風に言い出して、学校の帰りに、床を拭いたりしてくれているそうです。

ばあちゃんも、随分、長い間、掃除婦の仕事をしてきましたが、長く続けていればいいこともあるものです。

昭広も、漫才を続けてください。

野球は怪我をしてしまったから仕方がないけど、漫才は、まだまだこれからです。

お前に人生をかけた律子さんのためにも、頑張ってください。

実は、ばあちゃんは以前、律子さんから相談を受けたことがあります。

佐賀のご両親が、実家に帰って学校の先生と見合いをして結婚しなさいと言ってきているというのです。

ばあちゃんは、それを選ぶのも律子さんの人生だと言いながらも、できれば昭広に力を貸してやって欲しい。ふたりでトランクを引っ張って家を出たのだからと、律子さんにお願いしました。

だから、律子さんには、ばあちゃんも責任があります。

人間には偉い人なんか、いません。

けれど努力すれば、すごい人にはなれます。

どうか、ふたりで支え合って頑張ってください。

いつか漫才で売れる瞬間を、ふたりで味わう時が来る。ばあちゃんは、それを

心から信じています。
今はつらくても、頂上に着けば、きっと真っ青な海が見られるよ。
コツコツやってもなあと思う前にコツコツやれ!!
コツコツの先に成功がある
ばあちゃんより
追伸　この間、電話で言っていたことだけど、昭広を佐賀に預けている間、お前のかあちゃんは、お前よりもっとつらかったと思います。だから、自分の親を責めてはダメですよ』
手紙を読んでいるうちに、俺はりっちゃんが側にいることも忘れて号泣してしまっていた。
「どうしたと?」
「うん……ばあちゃんがな……」

「おばあちゃんが、どうしたと？」

「俺が……漫才……辞めるって……言うたら……」

俺が泣きじゃくりながら、そこまで言うと、いきなり、りっちゃんが目を三角にして怒り出した。

「何、言ってるの？　男が一回始めたら、最後までやるもんよ」

「うん……ばあちゃんも……」

俺は、ばあちゃんの手紙のことを話そうと思うのだが、涙声になってうまく言えない。

その間にも、りっちゃんは熱心に続ける。

「いい？　芸能界で売れるコツは、辞めないこと。みんな苦しいのよ。でも、ここで辞めたら、絶対あとで後悔するに決まってる」

りっちゃんのセリフを聞きながら、俺は、ちょっとおかしくなってきた。

コイツ、ばあちゃんと同じようなことを言う。

「あのね、あんたは面白いの。絶対売れるから、チャンスを待つんよ。世の中ってずーっと同じじゃないから。いろんなことが起こるの。野球だって誰かが引退

するから、他の人にチャンスが回ってくるってこともあるでしょう？ あんただって、いつ売れるか分からないのよ。そのためには、続けてないとダメ」

なんだか、ばあちゃんと話しているような気分になってきた俺は、泣きながら笑い出してしまい、また、りっちゃんに叱られる。

「ちょっと、聞いてるの？」

「うん」

「本当に？」

「うん」

「やめたら、ダメよ」

「うん」

うん、うん、と頷きながら、俺は、一緒にトランクを引っ張ってきたのがりっちゃんで良かったなあ。心から、そう思ったのだった。

そして、次の年。ばあちゃんやりっちゃんの言った通り、再びチャンスは巡ってきたのだった。

舞台に出ることもできず、花月をふらふらしていると、

「君、また辞めてんてねえ」

桂三枝さんが声をかけてくださった。

「はい。相方募集中です」

俺が苦笑いしながら言うと、三枝さんはいきなり言い出した。

「そうか。あいつ、どうや？」

三枝さんが指さしたのは、進行係の痩《や》せた男だった。

「兄さん、簡単に言わんとってくださいよ」

俺は、笑ってしまう。

けれど、三枝さんは真顔だった。

「簡単ちゃうよ。見てみぃ。あいつ、男前やんか。これからはなあ、漫才も男前が売れるぞ」

「はあ」

「それにな、あいつ、ちょっと外人みたいな顔してるやろ。スラッとしとるし。君は、ぽっちゃり型やから、アンバランスでエエで。売れるかもよ」

「そうですかねえ」

三枝さんは、もちろん落語家としても素晴らしいが、先見性があってタレントとしても大成功している人だ。その三枝さんにそう言われると、なるほど、俺もそんな気になってくるのだった。

それで、しばらく経ったある日、俺はその男（藤井健次というらしい）に声をかけてみた。

「俺と漫才せえへんか」

けれど、男は乗り気でないようだ。

「僕、芝居やろうと思ってるんです」

などと言う。

そう言われると、ますますコイツと組みたいと意地になってくるから不思議である。

「漫才の方が楽しいって。ふたりでやれるし。芝居は大変やぞ。売れるかどうかも分からへんし。でも漫才やったらな、俺、ちょっとやってたから、そこそこ自信もあるし。な？　漫才やろうや」

熱い口説き文句を次々と並べ立てる俺に、ついに男は首を縦に振った。

「分かりました。やります」

島田洋一の名前で二回もコンビ別れしてしまったので、俺は師匠に相談して名前を変えることにした。

『七転び八起き』の思いを込め、俺は島田洋七に、進行係の痩せた男・藤井健次の名は、島田洋八となった。

「このコンビで、東京を目指そう」

心秘《ひそ》かに、俺は誓ったのだった。

# 第11章　結婚してるって本当ですか？

漫才修業に明け暮れていた俺であったが、もちろん、りっちゃんとのことも『何とかしなければ』と思っていた。

いくら居所を知らせたからといって、りっちゃんのご両親の許しを得ないままにしておくのは心苦しい。

俺は暇を見ては、そして交通費を貯めては、佐賀のりっちゃんの実家へ通っていた。

大阪に落ち着いてからしばらくして、初めてお父さんに会いに行った時は、本当に驚いた。

そして、りっちゃんが、

「うちのお父さん、怖いよ」

と言った理由が、よ～く分かった。

漁師らしくがっしりとした身体は、よく日に灼《や》けていて赤黒く、手なんかグロ

ーブみたいに大きくて、その大男が、これ以上の不機嫌な顔はないというくらい眉間《みけん》にシワを寄せて、デーンと和服姿で座っているのだ。

「ひゃあ。失礼しましたあ」

と、頭を下げて飛んで逃げたい気分だった。

でも、俺を支えて繊維問屋で働くりっちゃんを思えば、そんなことのできるはずがない。

「家出なんかして、すみませんでした。お嬢さんと結婚させてください」

深々と頭を下げたが、

「漫才なんかやってる男に、娘をやれるかっ！」

一喝されて、あえなく撃沈した。

俺はすごすごと、ばあちゃんの家へ引き上げる。

そして、ばあちゃんにも謝った。

「家出なんかしてごめん。それから手紙とお金、ありがとう」

「昭広、私に謝ることはない。本当に律子さんが大事なら、許してもらえるまで何回でも行け。いつか分かってもらえる日が来る」

ばあちゃんは、そう言うと、また俺に二千円をくれるのだった。

俺がりっちゃんのお父さんから、遂に結婚の許しを得たのは、佐賀に通って五回目のことで、それまではいつも怒鳴って追い返されていた。

そして俺は、そのたびにばあちゃんの家に泊めてもらった。

「また断られたよ」

俺がしょんぼりしていると、

「許しが出るまで行くしかない。真面目にやってるんだから、そのうち分かってくれると」

ばあちゃんは、いつも、厳しく優しく励ましてくれた。

そして、必ず二千円を握らせてくれた。

それから、時々、こんなことも聞いた。

「トランク、ちゃんとあるか？」

もちろん俺は、大きく頷く。

家出の時、ふたりで持っていった、あのトランクには、りっちゃんと俺の思い

出がいっぱい詰まっている。

　俺たちは何かにつまずいたら、いつもあのトランクを見て、

「これ覚えてる？」

「うん、覚えてる」

と言い合っていた。

　そして、

「家出した時に、一回しか使ってないよな」

「うん」

「もし子どもができて、家出するって言ったら、貸してあげようか」

「あほ！　何、言ってるの？」

なんて、ふざけ合ったりするのだった。

　さて、五回目に俺がりっちゃんのお父さんを訪ねた時のこと。

　既に家出から一年半ほどが経過していた。

　相変わらずお父さんは、和服を着た赤鬼のように怖かったが、その日は珍しく

怒鳴ったりせず、落ち着いた口調で聞いた。

「もう何回来た？」

「五回です」

「これだけ何回も来るなら、お前も本気ばい。分かった。律子はお前にやる。お前にやるからには、もう何をしてもいい。生活が苦しかったら、働かせたらいいし、お前の自由と。その代わり、離婚だけは許さん」

お父さんは、やっぱり不機嫌な顔をしているが、どうやら俺は、結婚を許されたらしい。

「良かったね。晴れてうちのお婿さんなんだから、今日は家に泊まっていきなさいよ」

お母さんも、ほっとひと安心の表情である。

俺は、早速りっちゃんに電話をした。

「りっちゃん、お父さん、許してくれたで」

受話器を握りしめ、りっちゃんと「良かった、良かった」と言い合い、ふと居間のおとうさんを見ると、鬼が笑っている！

いつも憮然《ぶぜん》とした顔をしているだけに、りっちゃんのお父さんの笑顔は、最高に優しそうに見えた。

その日は、初めてりっちゃんのお父さんとお母さんと夕飯を食べた。

俺にはビールが出たが、お父さんは見かけによらず下戸《げこ》らしく、ずっとお茶を飲んでいる。

俺が少し酔っぱらって涙腺が弱くなり、

「本当にありがとうございます」

と泣き出したら、お父さんも酔っぱらったような赤い顔をして、

「嬉しいときは泣いてよか。もっと、もっと泣け」

と、自分も目に涙を浮かべて言うのだった。

そして、

「律子を、可愛がってくれ」

身体に似合わぬ小さな声で、お父さんがポツリと言うと、お母さんもそっと目頭を押さえた。

俺はもう、お父さんを怖いとは思わなかった。

「ほら、これ持って帰れ」

翌朝、有明海で養殖しているという海苔《のり》を、紙袋いっぱいに持たせてくれた大きな手は、やっぱりグローブのようだったが、ひどく頼もしく思えたのだった。

こうして晴れて結婚を許された俺とりっちゃんには、やがて可愛い娘も生まれた。

漫才の方でも、コンビ別れなどの受難を経たものの、洋八とのB&Bになってからは落ち着いていた。

けれど俺にはまだひとつ、心に引っ掛かっていることがあった。

師匠は、俺が結婚していることも、もちろん子どもがいることも知らないのである。

隠すつもりはなかったが、入門の時、まさか女性と暮らしているなどとは言えず、

「アルバイトがあるので、住み込みでなく通いの弟子でお願いします」

と頼んだだけで、りっちゃんのことには触れなかった。

そして、そのまま、ずーっと話す機会を失っていたのである。

若手芸人たちは、うちをたまり場にしているので、もちろんりっちゃんの存在を知っていたし、吉本の中でもほとんど全員が知っていた。

師匠だけが、俺が結婚して子どももいるなんて、夢にも思わないでいるのである。

そんなある時、B&Bに朗報が入った。

洋八とのコンビ結成二年目にして、よみうりテレビの『上方お笑い大賞　銀賞』を受賞したのである。

俺たちのような若手が受賞するなんてまずない名誉ある賞で、スタッフもみんな、大喜びしてくれた。

そしてお祝いムードが高まる中、授賞式の時、結婚していることを師匠に打ち明けてしまおうと話は盛り上がる。

「カメラ回ってるから、師匠も怒りにくい。大丈夫や」

周りは言うが、

「でも、もし破門になったら、どうするねん」

俺は、やっぱり師匠が怖い。

でも、みんなが「大丈夫、大丈夫」と盛り上がっているので、俺は仕方なく承諾したのだった。

授賞式の日がやってきた。

司会者が、華々しく俺たちを紹介する。

「第六回　上方お笑い大賞、銀賞はB&Bさんです！」

ワーーッという歓声がわき起こり、俺たちはうやうやしく表彰状を受け取る。

「B&Bの師匠である、島田洋之介さん、今喜多代さんもお祝いに駆けつけておられます」

今喜多代さんは師匠の奥さんで、漫才コンビの相方でもある。ふたりはさすが、ベテラン夫婦漫才という感じで、和服でバッチリ決め、満面の笑顔で登場した。

会場の歓声は、さらに大きくなる。

そして、ついに司会者が言った。

「実は、島田洋七さんが、ぜひ師匠に会っていただきたい人がいるということで、本日、会場の方へ来ていただいております。どうぞ！」

長女・尚美を抱っこしたりっちゃんが現れた。

マイクを握って、りっちゃんと子どものことを打ち明けようと思ったその時だった。

「師匠、実は俺……」

今喜多代師匠の顔を見て、俺はギョッとした。

能面のような恐ろしい顔をして、りっちゃんを睨みつけているのだ。

（怒られる、怒られる、やっぱり破門だ）

心の中で怯《おび》えながら、でもテレビカメラが回っているので仕方なく、俺は話を続ける。

「結婚していて、子どももいるんです。妻の律子です」

会場はもう、さらにさらに大騒ぎ。

洋之介師匠はさすがに驚いていたが、

「何で今まで黙っててん。でも、良かった。よう言うてくれた」

涙を浮かべて、俺の肩を抱いてくれたのだった。

問題は、喜多代師匠である。

俺は、そーっと師匠を見る。

師匠も、ハンカチで目頭を押さえている。

「早く言いなさいよ、もう」

目が合うと、優しい笑顔で言ってくれた。

ホッとしたが、さっきの能面のような表情は何だったのだろうか？

腑《ふ》に落ちない俺だったが、舞台を降りるとすぐ、その理由は分かった。

楽屋でも、

「めでたいことは、言うたらええやないか」

「でも、クビになったらと思って……」

「そんでも、子どもまでいてたら、もう反対せえへんやろう。なあ、律子さんも可哀想に。知っとったら、いろいろしてやれたのに」

などと、俺と洋之介師匠は言い合っていたのだが、喜多代師匠も話に加わってきて言い出したのである。

「ほんま、ビックリさせられたわ。私、律子さんと尚美ちゃんが現れた時、お父さんの隠し子かと思った」

喜多代師匠の発言で、あの怖い顔の意味は分かったが、俺はひっそり心の中で思う。

「なんでB&Bの授賞式で、洋之介師匠の子どもと涙の対面、せなあかんね ん！」

まあ、喜多代師匠も晴れの舞台で、何が何だか分からなくなってしまっていたのであろう。

それはともかく、その夜、受賞の祝いのため師匠が設けてくれた中華の席は、さながら俺とりっちゃんの披露宴といった感じになり、りっちゃんをようやく公《おおやけ》の席に座らせることのできた俺は、心からホッとした。

そして、

「どうぞ、これからもよろしくお願いします」

師匠夫婦に挨拶するりっちゃんには、妻としての強さと誇りがみなぎっていた。

いつの間にか「りっちゃん」は、頼れる「嫁さん」になっていたのである。

というわけで、ずっと「りっちゃん」と書くのも照れくさいので、これ以降は「嫁さん」と書かせてもらうことにする。

# 第12章　上京だ！　パーティだ！　ポリープだ!?

「お父さん、私たち、いつまでこんな暮らしなの？」

ある時、嫁さんが言った。

「貧乏やと思うから、あかんねん。貧乏ごっこしてると思え」

俺が言うと、嫁さんはキャッキャッと笑う。

「うまいこと言うねえ、漫才師は」

その時は、それで済んだのだが、数ヶ月後、今度はこう言い出したのだった。

「ねえ、貧乏ごっこ長いよ」

「え？」

「大体、ごっこなんていくら長くても二、三日でしょ」

「まあ、そうかなあ。じゃあ、どうしたいの？」

俺が仕方なく聞くと、嫁さんは嬉々《きき》として答えた。

「今度は、金持ちごっこがしたい！」

うーん、そう言われてみると俺もしたいような気がする。

洋八とのB&Bは、あの『銀賞』の翌年も、第十三回上方漫才大賞の『奨励賞』を受賞するなど実力を認められ、関西ではかなり名を知られるようになっていたが、収入面では若手芸人のギャラなんてたかが知れている。

そして俺は、あの東京で見た華やかな芸能界を思い、かねてから考えていた東京進出の時期が来ている、と思ったのだった。

でも一度、東京行きを断られてコンビ解消している俺は、洋八にも逃げられるのではないかと気が気じゃない。

うめだ花月の前の喫茶店に洋八を呼び出し、慎重に話を切りだしてみた。

「あのぉ、洋八さん。東京で勝負してみたいと思いませんか」

洋八は俺よりずっと後輩なのだが、つい敬語になってしまう。

洋八は、気色《きしょく》悪そうに俺を見た。

「敬語は、やめてくださいよ。先輩なんですから」

それでも俺は、洋八を逃がしては大変と、優しい言葉で話し続ける。

「まあ、いいじゃないですか。それでお返事は、いかがでしょうか?」

「ほんまに、やめてくださいよ」

「お返事、聞かせてください。東京、行きませんか？」

「ええですよ」

「え？」

俺は、わが耳を疑った。

こんなに簡単にＯＫしてもらえるものなのだろうか。

けれど、洋八はケロッとして繰り返す。

「東京でしょ？　ええですよ」

「大阪を離れても、いいのですか？」

「俺、岡山出身やし、漫才ができれば、大阪でも東京でも一緒です」

「ほんまかー！　やったー!!　よっしゃ、洋八、頑張ろうな！」

嬉しさの余り、いつもの調子に戻って洋八の背中を痣《あざ》ができるほどバンバン叩く俺であった。

ホッとした俺は、早速、東京行きの話を進める。

吉本興業には反対されるかと思ったが、案外、東京進出に好意的で、

「東京に吉本があったらエエねんけどなあ。ないからなあ。ここは、どうやろう？」

東京の事務所まで紹介してくれると言う。

芸人たちも、みな、

「頑張っといで」

と励ましてくれた。

桂三枝さんは、

「良かった、良かった、俺が紹介した相方で」

なんて、感慨深げである。

「三枝さんは、洋八を指さしただけですやん」

と声に出して言うことはできないので、俺は心の中で呟いた。

ばあちゃんにも断っておこうと、電話すると、

「だから私が、もとから東へ行けって言うてたやろう。なんで大阪やったと？」

一体、何を今までぐずぐずしていたんだという口ぶりであった。

そんなわけで、心おきなく東京へ旅立つことになった俺であるが、家族は大阪

に置いていくよりなかった。

　家族で引っ越すとなると費用も大変だし、新しい所属先、戸崎事務所が用意してくれた部屋は、洋八とふたり一緒の2DKである。

「今すぐ東京には呼ばれへんけど、ごめんな。事務所が月十五万円くれるって言ってるから、十三万は仕送りする。家賃払ったら、ギリギリやと思うけど、なんとか頑張って」

「分かった。お父さんこそ、頑張りや」

「うん。早く呼べるように頑張るからな」

　そうは言ったものの、先のことなんて、まるで分からない。

　正直、二、三年頑張ってダメだったら、芸人も辞めて広島へ帰るしかないだろうという秘かな決意もしていた。

　好意的ではあったが、やはりダメだったからもう一度吉本へ、などということが許されると思うほど、俺も甘くはない。

　さて、いよいよ出発の日も近づき、荷物の整理などしていると嫁さんが言う。

「お父さん、芸人らしく、華々しくグリーン車で行ったらどう？」

「アホか。そんな金ないわ」

「これ、借りれば？」

嫁さんが手にしていたのは、三歳の長女と一歳の長男の貯金箱であった。

お年玉などを使わずに貯めておいたので、合わせると二万五千円ほどにもなると言う。

「でも、子どものもんやろう？」

「いい、いい。まだお金とか分かる歳でもないし。借りとき、借りとき」

そこで俺は手を合わせ、貯金箱のお金を拝借し、洋八のと二人分、新幹線のグリーン車の切符を購入した。

それにしても、子どもに旅費を払ってもらうとは……これは本当に、早く金持ちごっこをやらなければと、決意を新たにしたのだった。

そして出発当日。

やはり、同じ東京へ行くにしても、狭い座席に押し込まれるのと、ゆったりグリーン車で行くのとでは気分が違う。

「よっしゃあ、頑張るぞお」

すっかり気分の高揚していた俺だったが、京都を過ぎた時だった。

突然、横に座っている洋八が、うわーんと泣き出したのだ。

洋八は、俺のひとつ年下で、当時二十七歳。

三十前の男が、いきなりワンワン泣き出したのだから驚いたが、子どもが泣いているのと違って声もかけにくい。

俺が黙って見て見ぬふりをしていると、洋八も黙ってひとり泣き続けた。

名古屋あたりになって、ようやく泣きやんだので、俺は聞いた。

「どないしてん？」

「なんか急に怖くなって」

洋八は、まだ目を真っ赤に腫《は》らしている。

先の見えない不安は、俺も一緒だ。

俺には、洋八の気持ちがよく分かった。

本音を言えば、俺も一緒に『うわーん』と泣き出したくなったが、ここで泣いてしまっていたら、名古屋あたりでふたりで引き返したかも知れない。

新しい所属先の戸崎事務所が俺たちのために用意してくれた部屋は、門前仲町にあった。

2DKの部屋に入ると、ダイニングテーブルの上に、ラジオが一個と、なぜかインスタントラーメンが百個くらい積んである。

あとは風呂場に石けんが一個とシャンプー、リンス。

すぐに暮らせるようにという事務所の心づくしなのだろうが、有難いのか何なのかよく分からない品揃えだった。

「大丈夫か、この事務所？」

ちょっと不安を抱えた俺と洋八だったが、そんな疑いは失礼だった。

なんと、戸崎事務所の戸崎社長は、あの時代に自費三百万円を投入して、俺たちのお披露目パーティを開いてくれたのである。

戸崎事務所は、ケイ・アンナさんなど四～五人のタレントを抱え、ふたりだけで運営している小さな事務所だったので、これは本当にすごい奮発だった。

戸崎社長がB&Bに賭けてくれる熱意が感じられて、俺たちもやる気がふつふ

つとみなぎったものだ。

パーティは、東京駅からほど近いパレスホテルで、マスコミやテレビ局、ラジオ局の関係者を招き、盛大に行われた。

そこで俺たちは三、四分の短い漫才を披露し大受け。

招待客の中には、元朝日放送のディレクターで、かの有名な『てなもんや三度笠』の演出をしていた澤田隆治さんもいらっしゃった。澤田さんは、今は朝日放送を退社し、番組の制作会社をやっておられるという。

「今日は、パーティに呼んでくれてありがとう。いつかゴールデンタイムで漫才をやろうな。その時は、必ず一回は出してあげる。約束するよ」

著名な澤田さんにそんな風に言っていただき、俺はたちまち有頂天になる。

「もう、これは東京ではバンバン仕事が入って大変なんちゃうかあ」

と思ったのだが、それは甘かった。

関西ではローカルながら、いくつもレギュラー番組を持っていたB&Bだったが、東京にはお笑い番組自体がないので、演芸場に出るしかない。

俺たちは、浅草の演芸場に出演することになった。

初日。

初めての東京の舞台に緊張しまくって出ていくと、何か客席の様子がおかしい。二十〜三十くらいしか座席が埋まっていないのに、立ち見の人がいっぱいいるのである。しかも、立ち見は若い男ばっかり。

関西で売れている芸人が進出してきたという噂を聞きつけて、東京の若手たちがこぞって舞台を観に来たのであった。

舞台を終え、楽屋に戻ると若手芸人のひとりがやってくる。

「あんなに面白いのに、どうして東京へ来たの？」

「東京で、一旗あげようと思って」

「吉本なら劇場もあるしさ、お笑いはやっぱり、大阪の方がいいんじゃないの？」

悪気はないのかも知れないが、帰れというような口振りである。

今思えば、B&Bの実力が恐れられていたということで、自信を持っても良かったのかも知れないが、その頃の俺に、そこまでの心の余裕はない。

みんなが注目している。バカにされちゃいけないという思いばかりが強く、必

要以上に力んでしまった。

そして、その力みは漫才に出て、笑いがとれない。

笑いがとれないから、さらに焦《あせ》って空回りする。

そんな悪循環のうちに、俺は喉の異変に気づいた。

演芸場に出てから五日目くらいから声がかすれていたが、十日間の寄席が終わるころには、ほとんど出なくなっていたのだ。

病院へ行った俺は、ポリープと診断され、

「切るしかないね」

手術を受けることになってしまった。

最悪の気分だった。

東京に出てきてこれからだというのに、なんて運が悪いんだ！

手術は無事終わったが、術後もしばらくはしゃべることができない。

病院のベッドで、絶望的な気分になっていると、

「徳永さん、お見舞いですよ」

看護婦さんが見舞客を案内してきてくれた。

大阪で世話になっていた、よみうりテレビのディレクター・有川さんである。
「入院したって聞いてな。これ、使い」
有川さんは財布から一万円を出して、俺の手に握らせる。
声の出せない俺は、紙に、
『ありがとうございます』
と書いた。すると、何を思ったか有川さんも、
『気にせんとって』
紙に書いて寄越す。
『有川さんは、しゃべってください』
俺がまた紙に書くと、
『なんでや』
有川さんもまた、紙に書く。
『手術したのは、オレです』
『書いても、ええやろ』
『耳は、聞こえてます』

『わかってる』

なぜか、俺たちは三分くらい筆談でのやりとりを続けたのだった。

俺は、可笑しくて可笑しくて、絶望的になっていた気分も紛れた。

もしかしたら有川さんは、わざとそんなことをして、病気の俺の気を引き立ててくれたのかも知れない。

ところで、手術をすれば当然ながら金がいる。

入院の時、納めなければならない金は何とか工面していたが、給料のほとんどを家に送っている俺には、もう持ち金がなかった。

俺はしゃべることができないので、担当の看護婦さんに大阪の家に電話をして欲しいと頼んだ。

看護婦さんは、まだ二十代半ばといった感じの若い女性で、快く引き受けてくれる。

ところが、電話を終えて戻ってきた彼女は気の毒そうに言った。

「あの……奥さん、お金はないから、そちらで何とかして欲しいとおっしゃっていましたけど……」

またもや、お先真っ暗な気分に逆戻りである。

移籍してきたばかりで、戸崎社長にお金を借りるのも気が引けた。

どうしようと思いながら、どうすることもできないで、翌朝、検査を受けて病室に戻ってくると、ベッドの枕元に白い封筒が置いてある。

開けてみると、二万三千円と手紙が入っていた。

『徳永様　これから休暇をとるのでしばらくいませんが、このお金を使ってください』

手紙の最後に書かれていたのは、俺が電話を頼んだ看護婦さんの名前だった。

看護婦さんにお金を借りるなんて、申し訳なくて仕方がなかったが、その時の俺には断っても他にあてがなく、ありがたくご厚意に甘えさせていただいた。

退院の時、

「近々、必ず返しに来ますから」

と言うと、彼女は、

「テレビに出るようになってからでいいですよ」

ニコッと笑って言ってくれた。

看護婦さんは俺が漫才師だと知って、俺の境遇を分かってくれて、お金を貸してくれたのだと分かり、俺はさらに胸が熱くなる。

結局、お金を返しに行くことができたのは、日本放送演芸大賞の『最優秀ホープ賞』を受賞し、その賞金が入った数ヶ月後のことだった。

ところが、俺がお金を持って訪ねていくと、彼女は実家のある長野の病院へ移ってしまったと言う。

俺は訳を話して病院の住所を教えてもらい、お礼の手紙とお金を郵送したが、直接会ってお礼を言えなかったのは、今でも心残りだ。

もう、あの時聞いた住所はなくしてしまったし、あってもそこに住んでおられるかは分からない。

あの時の看護婦さん、もし、この本を読んでくれていたら、ぜひ連絡をください。

# 第13章　東京の人情

戸崎事務所が借りてくれた部屋は門前仲町にあったが、ここは昔ながらの下町で、高層ビルが建ち並ぶ東京というよりも、江戸の匂いがぷんぷんしているという感じだった。

よく『東京の人は冷たい』なんて言われるが、門前仲町のような下町は、むしろ他の地方よりも人情が厚いと思う。

俺は山本運送という運送会社を営む、大家さんの山本さん一家から、そのことを教わった。

それは、引っ越してきた日のことだった。

ピンポーン！

まだ知り合いもないのにインターホンが鳴るので出てみたら、

「はじめまして。大家の山本です」

山本運送の奥さんが玄関に立っていた。

「大阪から来た漫才コンビですって? 頑張ってね。この辺りのこと、分からないだろうと思ったから、これ、書いてきたの。他にも困ったことがあったら、いつでも聞いてちょうだい」

奥さんが差し出したのは、びっしりと文字の書き込まれた一枚の用紙だった。

見ると、

『○○クリーニング店　カッターが他より二十円安い』

『××薬局　日曜は、トイレットペーパーが特売』

『△△青果店　野菜はスーパーよりココ』

などなど、ご近所情報がびっしり書き込まれている。

給料のほとんどを家に送り、月二万円で暮らさなければならない俺には、本当に助かる情報だった。

そして、夕方になると、またピンポーン! と鳴り、出ると玄関に奥さんが立っている。

「お父さんが呼んでるわよ」

マンションのすぐ隣にある大家さん宅に案内されて行ってみると、俺と洋八の

分も夕ご飯が並んでいるのだった。

東京に来たばかりで心細い思いをしている俺たちにとっては、夕飯も嬉しかったが、その心遣いと温かな笑顔に、たまらない安心感を覚えたものだ。

その上、帰り際には、ご主人である山本社長が、

「これ、明日何かおいしいものでも食べなさい」

ご祝儀袋をくれるのだった。

その後も、山本社長は何かの折りにいつも、ご祝儀袋をくれた。

俺は、いざという時のために、このご祝儀袋に手をつけず貯めていたが、ずっと後になって数えてみると、十枚以上もあったのには驚いた。

ご祝儀袋の話でも分かると思うが、山本社長は、生粋《きっすい》の江戸っ子という感じの人だった。

そして、江戸っ子といえば寿司である。

夕方、近所で山本社長に会うと、

「あれ？　今日は仕事ないの？　寿司、行こう。寿司」

本当に気軽に、近所の寿司屋に連れていってくれる。

そして寿司屋に入れば、まさに、

「呑みねえ、食いねえ」

の世界で、気前よくご馳走してくれるのだった。

さらに、

「これ、B&B。漫才師だよ。今、うちのマンションに住んでんだ。そのうち売れるよ」

なんて、寿司屋の大将へのピーアールも欠かさない。

本当に有難い存在だったが、ひとつだけ困ることもあった。

社長には、一緒に運送会社をやっている弟さんがいて、この人も、気質はまったくお兄さんと一緒。

しょっちゅう、俺たちを奢ってくれる。

そんなふたりは、決して仲が悪いわけではないのだが、昼間一緒に仕事をしているので、夜は別々にいたいらしい。

そこで、兄弟の間でB&Bを取り合うのだ。

「兄貴、今日は俺がB&Bを連れていくよ」

「何、言ってんだ。俺が行くって約束してんだよ。ねえ、洋七くん」

あまりにも二人の話し合いがつかないので、俺は社長、洋八は弟さんと、ふたりが別々に連れていってもらうこともあったほどだ。

もっとも、この一家の面倒見がいいのは、俺たちに対してだけでなく、周囲の人みんなに対してそうだった。

特にご近所を大切にする気持ちが強く、銀座にだって充分飲みに行ける経済力があるのに、必ず近所の店へ出掛けた。

「どうせ使うお金なら、近所に落としてあげたらいい」

というのが、山本社長の言い分だった。

だから、町内に新しい店でもできたら、必ず俺たちを連れていってくれる。

そして、できるだけお金を落とそうとする。

ある日、蕎麦屋がオープンした時は大変だった。

お昼ご飯に俺と社長のふたりで出掛けると、開店当日の昼時にしてはお客さん

が少ない。

ざる蕎麦を二枚ずつ食べた後、社長は言った。

「洋七くん、お客さんが少ないよ。これじゃ何だから、もう二枚ずつ食べない？」

「社長、俺、もう食べれません」

「そうか。そうだよなあ。でも、人少ないと思わない？」

「そうですねえ。でも、もう食べれませんよ」

「そうだよなあ……」

充分食べて、店に貢献しているくせに、いつまでも、

『人が少ない』

『もっと食べてあげれば良かった』

と気にしているのが可笑しかった。

俺がこの山本一家を大好きだったのは、小さい頃に育ててもらったばあちゃんと信条が似ているせいだと思う。

うちは山本運送さんのように裕福ではなかったから、近所にお金を落としてあ

げるなんてできなかったけれど、それでも暑い夏など、人手のある時はご近所さんの分まで道に打ち水をしたり、お正月のお餅をついたら配ったり、できるだけご近所に貢献していた。

それから、ばあちゃんは、

「人に気づかれないのが、本当の優しさ」

と言って、いかにも「してあげた」という感じの、人の負担になるような親切を好まなかったが、山本運送さんも多分、そうだったのだと思う。

だから、

「夕飯、食べにいらっしゃい」

ではなく、

「おかずが余ったから大変なの」

とか、

「お父さんが、ちょっと用事があるんだって」

などと言って呼びに来てくださったのだと思うし、オープンしたお店へも、従業員をたくさん連れていけば、たくさんお金を落としてあげられるだろうけれど、

それではいかにも、

「社長さんが大勢で来てくれた」

みたいな大袈裟な感じになるので嫌だったのだろうと思う。

今、思い出しても、本当にいい大家さんに恵まれたなあと感謝するばかりだ。

# 第14章　一夜あけたら有名人

「ゴールデンタイムに漫才をやることになったよ」

あのパレスホテルのパーティで出会った澤田さんから、連絡があった。

まだ東京に出てきて数ヶ月後のことで、あまりにも早い、ラッキーな展開だったが、それは澤田さんの手腕だろう。

「約束だから出してあげる。ただし、売れてる人の間に挟むからね」

番組は、『花王名人劇場』という日曜日の九時からの、まさにゴールデンタイムで、それまではドラマが中心だったが、澤田さんは初めての試みとして、そこに漫才をぶつけてみるのだと意気込んでいた。

番組の撮影は、暮れも押し迫った十二月二十二日。国立劇場演芸場で、一般のお客さんを入れた公開録画という形式で行われた。

一時間の番組なのに、出演するのはたったの三組で、しかも俺たちB&Bの他は、『やすしきよし』さんと、『セント・ルイス』さんという東西の超売れっ子だ。

けれど、公開録画だから、一番目に出ていくのが一番大変なのだけれど、俺たちは『売れている人の間に挟む』ということで二番目だったので、それが功を奏し、大爆笑をとることができた。

そしてこの番組のオンエアは、忘れもしない、年が明けて一九八〇年の一月二十日だった。

その日、B&Bは大阪で仕事が入っており、小さい事務所のことだから、戸崎社長も一緒に大阪にいた。

仕事の後、みんなでテレビを見ようということになり、俺たちは焼き肉屋さんでオンエアの時を待つ。

九時になり、『花王名人劇場』が始まった。

『激突!! 漫才新幹線』とタイトルが出ると、俺たちは焼き肉を食べるのも忘れて画面に見入る。

セント・ルイスさんの放送が終わり、いよいよ俺たちの番だ。

ネタが始まる。

三組しか出ていないので、一組の持ち時間がたっぷり十五分くらいあり、ネタ

の間中、何度も画面に俺たちがアップで映る。

と、次第に周囲のお客さんが俺たちと画面を見比べるようになった。

「ちょっと、あれ、あんたら違うのん？」

声をかけてくる人まで現れ、番組が終わると、食事もそこそこに慌てて店を飛び出したのだった。

けれど、表に出てホテルへ帰る間も、何人もの人に声をかけられる。

「あ、さっき出てた人！」

「ほんまや」

ゴールデンタイムの威力というのは、何てすごいものなのだろうかと痛感した夜だった。

けれど、驚くのはまだ早かった。

翌朝、新幹線に乗るため向かった新大阪の駅では、なんと立て続けに五人にサインを頼まれるという、人生初めての快挙も待っていたのだった。

関西ローカルの番組にどんなに沢山出ていても、こんなことはなかった。

そして、戸崎社長は、さらなるニュースを俺たちに伝える。

「昨日の夜、花王石鹼さんから電話があってさ、コマーシャルに出て欲しいって言うんだよ」

戸崎社長の話によると、昨日の番組を見ていた花王石鹼の偉い人が、俺たちでコマーシャルを作るよう指令を出してくれたと言うのだった。

「男性用のトニックシャンプーのコマーシャルだってさ。いい？」

いいも何も、コマーシャルだけでも驚きなのにシャンプーだなんてスゴイ！

別にラーメンや焼き肉のタレより、シャンプーが偉いというわけではないが、シャンプーのコマーシャルなんて、爽やかで美しい人がやるものだと思っていたから、夢のような話である。

早速、嫁さんに電話で知らせる。

「俺、コマーシャルに出ることになった！」

「何の？」

「シャンプー！」

「もうええって、分かった、分かった。じゃあね」

なんと、嘘だと思ってあっさり切られてしまったのである。

俺はいつも、夢のような話ばかりしていたので、また戯言《たわごと》を言っていると思われたらしい。

俺は、ばあちゃんにも電話をかけてみた。

「ばあちゃん、昨日のテレビ見てくれた？『花王名人劇場』」

「いいや」

「何で？佐賀でも映ったやろう？」

「映ってたけど、うけなかったら大変だから、仏壇で拝んどったと」

「ばあちゃん、あれ録画やから、そんなん関係ないねん」

一生懸命説明したが、どうにもばあちゃんには生中継と録画の区別がつかないらしかった。

後で、一緒に住んでいるおじさんに聞いたところ、時間になると家族揃ってテレビの前に座ったのに、同じ時間にばあちゃんだけは仏壇の前に陣取ったという。

そして、

「ナムアム、ナムアム、うけますように」

と声を出して拝みはじめた。

テレビと仏壇は同じ部屋にあるので、

「ばあちゃん、うるさい。テレビが聞こえんよ。そんなに拝まんでも、録画やから大丈夫ばい」

おじさんたちは、何度もそう言って拝むのをやめてもらおうとしたが、結局、番組が終わるまで聞き入れてもらえなかったと言うのだ。

ばあちゃんの愛情を感じるエピソードだが、ろくにネタが聞こえなかったというおじさん一家には気の毒だった。

さて、俺たちのスケジュールはいつでもあいていたので、コマーシャル撮影はすぐに実現した。

撮影の行われるスタジオに行くと、何十人ものスタッフが、

「おはようございます」

と出迎えてくれ、CMの制作会社の人、花王の宣伝部の人などが、次々に名刺を出して挨拶に来てくれる。

「ひょっとして俺、スターになるのかなあ?」

その時、漠然と俺は思った。

そのくらい、それまでとはまったく違う待遇だったのだ。

コマーシャルの映像は、洋八とふたり並んで、髪をシャンプーで泡立て、

「花王トニックシャンプー！」

なんてやる、爽やかなものだった。

ところが、何十回も撮り直したので、翌日になってもお湯で濡らすだけで髪が泡立ってしまう。

早速、これも嫁さんに電話で報告すると、

「お金がもらえる上、髪の毛を濡らすだけで泡が立つようになるなんて、すごい。コマーシャルっていいねえ」

ようやくコマーシャル出演を信じてはくれたのはいいが、なんだか訳の分からない喜び方をするのだった。

こんな風によく嫁さんに電話していた俺だったが、東京進出して以来、実は一度も大阪の家へは帰っていなかった。

大阪で仕事があっても、洋八や社長と一緒にホテルに泊まって帰ってくる。

会社勤めの単身赴任なら、ひとり暮らしの寂しさはあっても、

「じゃあ、またね」

と気軽に会えるだろうが、いつまた一緒に暮らせるとも知れない身で家族に会うのはつらかった。

それに、会えば、

「いつ、呼んでくれるの？」

「そのうちな」

なんて話にもなるだろう。

それを考えると、家に帰るのが億劫《おっくう》だったのだ。

そんな俺の気持ちを知っていたのかどうか、ある日、戸崎社長が言った。

「洋七くん、そろそろ家族を呼んであげれば？」

「いやあ……まだ無理じゃないでしょうか」

もちろん俺も家族を呼びたいと思っていたから、時々、雑誌で東京の家賃を見たりしていたけれど、十五万円で家族四人が暮らしていくのは、とても無理そうだった。

けれど、戸崎社長は明るく言う。

「大丈夫、大丈夫。来月から歩合にしてあげるから」

歩合になんかしたら、安定収入がなくなり、もっと怖いじゃないかと言う俺に、戸崎社長は、実は花王から仕事の依頼があったのだと打ち明けた。

「『ヘアケアまつり』っていうキャンペーンを組むんだって。それで半年間、毎週末の土日、全国を回ってサインと握手会をやって欲しいってことなんだ。安くてすみませんけど、一日七十万円のギャラでお願いできますか、って言ってきてるんだけどさあ。洋七くん、どうする？」

「どうするも何も『はい！』に決まってるでしょうっ!?　社長!!」

俺は勢い込んで言った。

戸崎社長だって分かっているくせに、わざと聞いているのだろうけれど、これが勢い込まずにいられるものかっ!!

なにしろその頃のB&Bは、例えばデパートの屋上ステージなどで三十分の漫才をやって五万円というギャラだったから、七十万円なんて破格を通り越している。

俺は、数字に弱い頭で必死に計算した。

毎週末、土日の二日間で百四十万円入ってくるのだから一ヶ月四週間として五百六十万円。事務所と洋八と三等分しても、半年間、月に百八十万円もの収入が約束されたことになる。

「やった！ これなら、家族を呼べる！」

俺は喜びいさんで嫁さんに電話した。

「東京に来い。とりあえず、ここに来い。洋八は出ていくから」

あまりに嬉しかったので、つい言ってしまったのだが、もちろん洋八も黙っていない。

あわてて電話の横に来ると、

「出ていきませんよ」

と必死の形相である。

けれど俺は、受話器を手の平で押さえ、洋八に懇願する。

「頼むから出ていって。お前、独身やから何とかなるやろ？ 俺は家族がいてるねん」

「分かりました。どっか探します」

洋八は、渋々ながらもうなずいてくれたのだった。

あれから何十年も経ったが、洋八は過去何十回も、こんな風に俺の犠牲になっている。

例えば、俺は東京に来て以来、自分が家族にお金を送らなければならないものだから、

「洋八師匠、ごちそうさまです」

とか言っては、洋八にたかりまくっていた。

洋八は、

「もう、いっつもですやんか」

なんて言いながらも怒ったりせず、笑ってお金を払ってくれたものだった。

本当に、洋八というのはいい奴である。

東京に行くことになってすぐ、嫁さんは、ばあちゃんに電話で報告をしたと言う。

「おばあちゃん、昭広さんが東京においでって言ってくれました」

「良かった、良かった。やっぱり親子は一緒に住まないと」

ばあちゃんは、自分のことのように喜んでくれたそうだ。

そして、嫁さんに聞いた。

「律子さん、あんた、あの時のトランク持ってるか？」

「はい。ちゃんと持ってます」

さすがに四畳半一間のアパートから、何度か引っ越しをしていたが、そのたびに、あの家出した時に買ったトランクは忘れず持っていっていた。

ばあちゃんは、満足そうに言ったという。

「それが一番大事と。トランクの外にある、冷蔵庫や洗濯機はいつでも買い換えられる。でもな、トランクの中身はいつまでも一緒。いい思い出も苦労も、そういうものは離したらいかんよ」

なぜ、嫁さんが真っ先にばあちゃんに報告したかというと、ばあちゃんは、俺が東京へ出て以来、ずっと嫁さんに米を送ってくれていたのだそうだ。

俺には、

「だから、東へ行けと言っただろう」

なんてうそぶいていたばあちゃんだが、嫁さんにはこんな手紙が来たと言う。

『昭広は頑張り屋だから、なんとかなるから心配しないように。昭広がいない間は大変だろうから、ばあちゃんがお米を送りますね』

子どもを二人も連れて、大阪に取り残された形になった嫁さんにとっては、ばあちゃんの応援してくれている気持ちが何より嬉しかったようだ。

それにしても、別に農家でもないのに米の現物支給というのが、いかにもばあちゃんらしくて、俺もこの話を聞いた時は、涙がこぼれそうになった。

さて、いよいよ嫁さんと子どもたちがやってくる日になった。

俺は、早朝からそわそわと落ち着かない。

大阪からは、知り合いの人がトラックで荷物を運んでくれることになったので、嫁さんと子どもたちも、その車に一緒に乗ってくると言う。

大体の到着時間は聞いていたが、携帯電話なんかない時代のこと。出発してしまえば、今どの辺りを走っているのかさえ分からない。

俺は、到着予定時間の四時間も前から、ベランダの外を見ては、

「まだか、まだか」

と待っていた。

まだ、予定の時間には大分間があるのに、

「遅いなあ、何してるんやろう」

事故にでも遭ったのではないかと、心配でたまらなくなる。

「道に迷ってないだろうか」

「こんなに長い時間、車に乗せられて、子どもは退屈して泣いたりしていないだろうか」

考えれば考えるほど、心配は尽きない。

そして、何度も時計を確認し、さっきから五分くらいしか経っていないのを見て、

「この時計、動いてんのか？」

耳を近づけて確認してみたりもする。

長い、長い、永遠にも思える時間が過ぎて、ようやく道の向こうにトラックの影が見えた。

「あれや、あれや」

見てる間に、トラックはマンションに近づいてくる。

俺は、

「おーい!」

と手を振った。すると、嫁さんも気づいたらしく、トラックから身を乗り出して手を振っている。

うれしくて、うれしくて、俺は世界中の人にこの場面を見てもらいたかった。

「バンザーイ!」

と、ご近所中を走り回って叫びたかった。

そしていよいよトラックが到着して、嫁さんの笑顔を見たとたん、俺は恥ずかしながら涙が止まらなくなってしまった。

すると、山本運送の弟さんの奥さんが、

「ほら、抱いてあげなさいよ」

嫁さんと子どもの方へ、俺の背中をドンと押しやった。

俺は泣きながら、長男を抱いた嫁さんと幼い長女をギュッと抱きしめる。

ふと見ると、手伝いに来てくれていた洋八も、もらい泣きしていた。

山本運送のご夫婦も出てきて、

「良かったな、良かったな」

一緒に泣いて喜んでくれた。

そして、みんなで泣きながら荷物を下ろした。

でも、荷物は本当に少なくて、4トントラックの荷台はガラガラである。

家具なんて、

「お前、こんなん捨ててきたら良かったのに」

というようなボロボロのタンスと小さなコタツくらい。

あとは全部、衣類や鍋釜などの入った段ボール箱だった。

情けないほどの荷物の少なさにも、嫁さんの苦労が忍ばれて、俺はますます涙が止まらなくなる。

「なんで泣いてるの？」

長女の尚美がキョトンとして言うのが可笑しくて、今度はみんなが泣きながら笑った。

荷物を下ろし終わり、家族だけになると、嫁さんが珍しく真顔で言った。

「お父さん、呼んでくれてありがとう」

「アホか」

俺は照れくさくて、それしか言えない。

その時、ピンポーン！　とインターホンが鳴った。

「洋七くん、お祝いに寿司行こう、寿司。奥さんも、みんな一緒に」

山本運送のご主人が呼んでいる。

# 第15章　人生のバブル

山本運送の事務所は、俺たちの住むマンションの一階にある。

だから毎朝、マンション前の駐車場で行われる朝礼の様子は、俺たちに筒抜けだった。

運送会社の朝は早く、その日も俺がまだベッドにいる時間から、社長の挨拶が響き渡っていた。

「みなさん、おはようございます。今日はみなさんに嬉しいニュースがあります。わがマンションに住む期待の漫才コンビ、B&Bが花王のシャンプーのCMに出演しております」

俺はガバッと飛び起きた。

俺に聞こえているということはマンション中の住人、いや、このご近所一帯に響き渡っているはずである。

「うわあ、社長、何を言い出すねん」

俺が恥ずかしくて、ベッドの上で耳まで真っ赤になっているというのに、社長の話はまだ続く。

「社員のみなさん、これからはシャンプーは花王です。花王のトニックシャンプーをぜひ、使いましょう」

本当に、穴があったら入りたいというのは、こういう時のことを言うのだと思った。

でも、それだけ俺たちを応援してくれている山本社長の気持ちは、本当に嬉しかった。

だから、山本社長が、嫁さんと俺に、

「部屋、改装するからさ。ここにいなよ」

と、自分のマンションにずっといるよう勧めてくれた時は、心が揺れた。

けれど、子どもがいると幼稚園の都合などもあり、なかなかそういうわけにもいかない。

俺は山本社長の申し出を丁重にお断りし、これまでお世話になったお礼を言って、短い間だったが思い出深いマンションの部屋を後にした。

新しい住居は越中島の新築マンションで、ちょっとした家具も買いそろえたりなんかして、この時、俺は初めて、新婚気分を味わった。

子どもが二人もいて、新婚気分もないかも知れないが、何しろ前に一緒に住み始めた時は、四畳半一間にリンゴ箱の食器棚だから、新婚さんというより同棲時代という感じだったのだ。

さて、嫁さんを呼び寄せてから、俺の人気は、というか漫才の人気は鰻《うなぎ》登りに上がっていった。

世に言う漫才ブームの到来である。

漫才ブームのきっかけになったと言われる『花王名人劇場　激突!!　漫才新幹線』の第一回放送が一九八〇年の一月で、四月にはお笑いのオーディション番組『お笑いスター誕生!!』がスタート。B&Bは、この番組の初代グランプリに輝いた。

そして同年十月には、今も続くお昼の長寿番組『笑っていいとも!』の前身となる『笑ってる場合ですよ!』がスタートし、B&Bはその司会に抜擢される。

これはもう、体験した人にしか分からないと思うが、俺は何が何だか分からないうちに、日本中の人に知られる有名人になってしまったのである。

越中島のマンションの前には、毎朝八時に黒塗りの車が俺を迎えにやってきた。

そのうち、一週間の司会を務めるレギュラー番組が十五本という殺人的スケジュールになると、越中島から通う時間さえ惜しむようになり、俺は思い出のニューオータニに部屋を借り、週末以外はそこから仕事に出掛けた。

かあちゃんと一緒に『オールスター家族対抗歌合戦』に出場もした。

歌手志望だったというかあちゃんは、テレビで歌を披露できたことがとても嬉しかったようだ。それに、歌が本当に上手で、三回出場して三回とも歌唱賞をいただいた。

それから、ばあちゃんには、佐賀から『笑ってる場合ですよ！』に生出演してもらったこともある。

でも、ここでもばあちゃんは他の人とは、ひと味違った。

ばあちゃんの上品な様子から、おそらくレポーターも視聴者も、

「いつも応援いただき、ありがとうございます。B&Bがあるのも、みなさんの

お陰です。これからも島田洋七をよろしくお願いします」

などという、しおらしい言葉を期待していたと思う。

ところが、ばあちゃんときたら、

「おばあちゃん、お孫さん、売れて良かったですねえ」

「私は、売れるって知ってましたから」

なんて、いつもの調子である。

さらに、

「そうですか。いやあ、それにしてもいい着物、着てらっしゃいますねえ」

と褒められると、

「ええ。いい着物でしょ？　他にも七枚あります」

謙遜などせず、自慢げに答えるのであった。

レポーターも、アルタスタジオにいたみんなも、ばあちゃんの個性的な発言に、ビックリ仰天大爆笑したのは言うまでもない。

嫁さんとは、一緒に銀座のデパートに出掛け、

「今日は、何でも好きなもん買いや」

カッコよく言ってみた。

男なら、自分の彼女に一度は言ってみたいセリフであろう。

でも、嫁さんは散々悩んだ揚げ句、

「前のが古くなったから」

と新しいおろし金を買い、

「これから、いるから」

と夏物の、千九百八十円のサンダルを買っただけだった。

本人が言うには、

「貧乏から急にお金が入ってきても、お金の使い方が分からない」

そうである。

それから遂に、家も買った！

実は、俺は自分の人生に家を買うなんてことがあるとは思わなかったから、値段さえ見たこともなかったのだが。

あるとき、西武ライオンズのキャッチャー・黒田さんや、ピッチャー・東尾さ

んなんかと飲んでいて、俺がニューオータニに泊まっているという話になった。

「もったいない。そんなんするんやったら、家、買えや」

ふたりは声を揃えて言うが、俺は、東京で家を買うなんて冗談じゃないと首をふる。

「家なんて、とても買えません」

「え? なんぼ収入あんのん?」

俺が大まかな収入を説明すると、ふたりはあきれたように、

「買えるがな!」

また声を揃えるのであった。

それで俺は、思い切って家を買うことにした。

初めは都内に建てようとも思ったのだが、嫁さんにも子どもにも喘息《ぜんそく》の気があったので、空気のいい埼玉県所沢市を勧められ、庭のある一軒家を購入することにした。

価格は八千万円である。

ローンが下りたというので、俺は、さすがに緊張して銀行へ出掛けた。

「では、徳永様。頭金が一千万円で、残金の七千万円を十回払いでお願いします」

「えーっ!?」

これには住宅購入にうとい俺も、ちょっと待てよと思う。

普通、住宅ローンって、月に十万円くらいを二十年とか三十年とかじゃないのか?

十回払いって、それはローンじゃなく分割払いじゃないか!

けれど、何の保証もない芸能人は、現時点でどんなに稼いでいたってローンは組めないと言うのだった。

俺は世間から認められていないみたいで、悔しくて悔しくて、結局三ヶ月で残りの七千万円を支払った。

でも、まあ嫁さんや子どもの身体にもいいんだし、支払うことができたんだから、有難いと思うことにした。

さて、俺個人はといえば、浅草演芸場時代に横山やすしさんから紹介してもら

い、すっかり遊び仲間となったビートたけしと、あちこち遊び歩く癖がついてしまった。

何しろ、ふたりとも貧乏な育ちだったから、初めて好きなだけお金を使えるのが嬉しくて仕様がない。

ある日、ふと、遊びに夢中になっていた子どもが時計を見るようにカレンダーに目をやると、かれこれ半年も新築の我が家に帰っていなかった！

さすがの俺も、

「叱られるかも」

ビクビクしながら家に帰ったのだが、外から見る我が家には、あたたかなオレンジ色の灯《あか》り《※》が灯《とも》り、楽しそうな笑い声まで聞こえてくる。

そーっと上がっていってみると、嫁さんと子どもが三人で仲良く夕ご飯を食べていた。

嫁さんが俺に気づく。

「あら、お父さん、お帰り。お風呂わいてるわよ」

俺は一瞬、昨日も一昨日もこの家に帰ってきていたような気がしてしまった。

そのくらい、嫁さんのリアクションは普通だった。

本当に、芸人の嫁さんになるために生まれてきたような人である。

それにしても、子どもたちにも一度も文句を言われたことがなかったので、一度、どう思っていたのか長男に聞いてみたことがあるが、

「お母さんから、『お父さんは芸人さんだから、無理矢理、家にいなさいなんて言ったら、病気になるの』と説明されていて、そういうものだと思っていた」

のだそうである。

そんなこんなで三年余り、いい思いをしていた俺であったが、いいことばかりは続かない。

けれど、俺たちだって、いいときにも、それを考えていないわけではなかった。

ビートたけしなどは、俺よりずっと頭がいいので、

「おい、洋七。俺ら今、お笑い番組が増えてこんなに売れてるだろう？　ということは、ドラマとか歌番組が減ったんだよ。一日二十四時間は一緒なんだからさ。俺たちが売れたお陰で、歌手とか役者が犠牲になってんだ。だから、俺らにもそ

ういう時期がきっと来るぞ。覚悟してやんなきゃな」

などと言い、俺ももっともだと頷いていたのだった。

けれど、いくら覚悟していても、時代の流れは止められない。

「あの番組が終わりました」

「この番組も来月いっぱいです」

そんな声が、あちこちで聞こえるようになり、俺は人生のバブルが崩壊しはじめているのだと思った。

そして同じ頃、自分の身体も崩壊していることに気づいたのだった！

今ではバラエティ番組の収録も、いろいろとシステムが整えられ、段取りをアシスタントディレクターなどがカンニングペーパーで教えてくれたりするようだが、俺たちが人気絶頂の頃は、まだほとんどそんなものは用意されていなかった。

だから、週に十五本もの番組の司会をやる俺たちは、毎日が台本との格闘だった。その上、お笑い芸人だから、アドリブもどんどんきかせていかなければならない。

こなせていたのが不思議なほど、俺は、自分自身でも何をやっているのか分からなくなっていた。

そして、そういう緊張が長く続くうち、いつもは図太く明るい俺にも、ストレスが溜まっていたのだろう。

俺は、台本を見るだけで気持ちが悪くなるようになってしまったのだ。

身体は、どこも悪くない。

過度のストレスのせいだとお医者さんは言う。

そして、俺は選択を迫られた。

きっぱりと仕事を辞めるか、入院して治療するか、ふたつにひとつだと言うのである。

嫁さんは、医者の診断を聞くと一も二もなく言った。

「もう、いいじゃない。こんなに働いてきたんだから。売れたのなんてオマケよ。売れないのが普通なんだから。何年でも休めば?」

売れないのが普通!? 俺は驚く。

『芸能界で売れるコツは辞めないこと』なんて言っていたのが嘘のように、嫁さ

んは辞めなさいと勧めるのだ。

それから、こうも言った。

「病気に逆らっても仕方ない。それは季節に逆らうのと一緒。無理よ」

落ち込んでいた俺は、嫁さんの言葉に随分、心が軽くなったが、それでもまだ子どもも小さいし思い悩んだ。

そして、やっぱり佐賀のばあちゃんのところへ相談に行った。

ばあちゃんの発言は、もっとすごい。

「昭広、仕事は何でもあるぞ」

「えーっ!?」

と思った俺だったが、同時に、自分の肩の荷がすーっと下りるのも感じた。

そうだ。何も芸能界に、しがみつかなくたっていいのだ。

その気になれば、何でもできる。

そんな気持ちになれた。

それからばあちゃんは、じいちゃんのお墓参りに行こうと誘った。

墓の前で一緒に拝んでいると、ばあちゃんはじいちゃんに問うている。

「ナムアム、ナムアム、昭広がいろいろ悩んでいるみたいです。じいさん、何か言ってあげてください」

そして顔を上げると、すっきりした笑顔で言った。

「今は遊んどけって、じいさんは言うとるばい」

まさか、ばあちゃんがイタコの真似事までやるとは知らなかった！

でも俺は、ばあちゃんの言うじいちゃんの言葉を信じ、ゆっくり休養することに決めたのだった。

# 第16章　アイダホの空は、佐賀の色

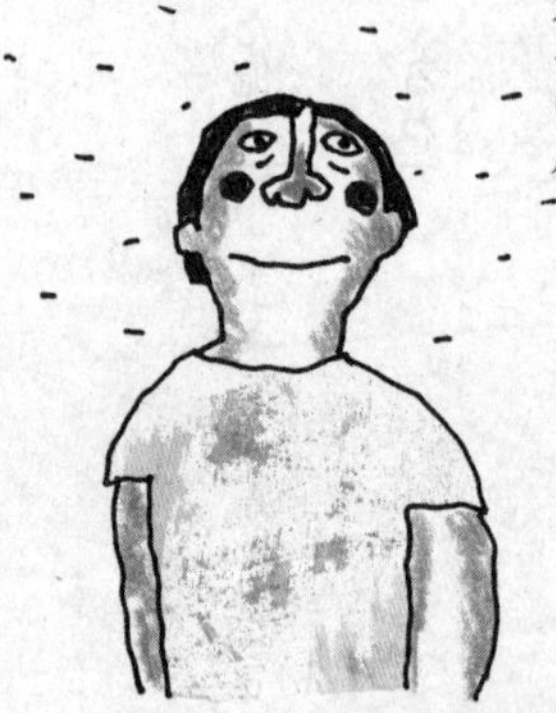

休養といっても、すっかり有名人になっていた俺には、家でのんびりすることはできなかった。

「あら、B&Bの洋七さん、また家にいらっしゃるわ」

「お仕事ないのかしら」

「ご病気ですか」

なんて、騒々しくなるのは目に見えていたし、そうなるとまだ学校に通っている子どもたちも、いろいろと噂されて可哀想だと思った。

それで俺は、なるべく静かなところへ行こうと思い、まずは全国の温泉を巡ることにした。

日本全国を仕事で回った俺は、多分日本を三周くらいはしていそうな気がするが、全部、駅と漫才のための会場を往復するだけ。

名物ひとつ食べたこともなければ、観光地のひとつも回ったことがなかった。

だから俺にとっては、この時が初めての旅行らしい旅行だった。

俺は今までの慌ただしさを取り戻すように、ゆっくりと名湯につかり、名物を味わい、名所旧跡を訪ねた。

そしてある時、伊香保のある温泉旅館に到着した。

俺は、その旅館を一目見て気に入った。

近代的な建物ではなく、素晴らしい木造の三階建てだったからだ。

さらに、部屋に通されてビックリ！ 見事に赤城山脈が見渡せるのだ。

すっかり気に入った俺は、しばらくそこに泊まることにした。

初めのうちこそ芸者さんをあげたりして、プチ殿様ライフを楽しんでいた俺だったが、五日もすると芸人魂がむくむくとわき上がってくる。

「今日は踊らなくていいから、そこに座り」

芸者さんを座布団の上にズラリと座らせると、漫談を始める。

そして、ゲラゲラ笑う芸者さんに、

「はい。千円ずついただきます」

お金まで要求した。芸者さんたちは、

「もーう、反対ですよ」

ふくれながらも払ってくれたが、芸者さんの間でそれが話題になったらしく、

「私も、今日は洋七さんのお座敷に行きたい」

と取り合いになったそうだ。けれど、笑うとお金を取られるので、みんななんとか笑わないように頑張っている。

俺もまたそこを、なんとか笑わせようと頑張るというやり取りが面白かった。

すっかり芸者さんや仲居さんとも親しくなり、居心地良くなった俺は、この旅館に居着いてしまった。

気配りも行き届いた旅館で、お風呂も他のお客さんが誰もいない時に入れてくれたりしていたが、そのうち俺は、旅館の従業員たちと一緒に夜中に入れてもらうようになった。

そんな付き合いから、従業員の人たちもすっかりうち解けて、忙しい時間帯になると、

「洋七さん、これ鶴の間に運んで」

などと手伝いまで頼まれる有様であった。

「ええっ!? 風呂も隠れて入ってんのにぃ？」

初めは冗談じゃないと思ったが、そのうち、いい言い訳を考えた。

お客さんから、

「あ、B&Bの洋七！」

と言われると、

「はい、いらっしゃいませ。実は親戚の旅館なんです」

笑顔で応えるのであった。

そんなことをやっているうちに、二十日間も同じ旅館にいただろうか。

ある日、板前さんが難しい顔をして俺の部屋にやって来ると訴えた。

「洋七さん、今日はもうカレーライスでいいですか？ 私、もうこれ以上、違う料理は作れませんっ!!」

なんと！ この旅館では、連泊するお客さんには同じ料理は出さないというポリシーがあって、二十日間も俺に、違う料理を出し続けていたのであった。

どうりで飽きなかったはずである。

その後は、従業員の人と一緒にまかない料理を食べたりして、俺は結局、二ヶ

月半、その旅館にいた。

嫁さんにも、

「よく飽きないわねえ」

とあきれられたが、家に戻るに戻れない俺には、大家族みたいで楽しかったのだ。

それに伊香保なら、所沢の家からもそう遠くはなく、夜中に戻って子どもたちの寝顔を見、嫁さんと話してまた旅館に戻るなんてこともできた。

なかなか愉快な逗留《とうりゅう》だった。


さんざん国内を旅行した俺は、今度は南の島に凝った。

ハワイ、グアム、サイパン、タイなどの、できるだけ日本人観光客が少ない場所を選び、のびのびとリゾートライフを満喫した。

そして、それも飽きた頃、俺はアメリカへ渡ることにした。

一緒に南国を旅して回った、英語がペラペラな制作会社の友人・ジローが会社を辞めたので、彼にもしばらくの暇ができ、のんびり回ろうということになった

のだ。

もともと俺は、パックツアーみたいな旅行が好きじゃなくて、できるだけ現地の人と触れ合いたいと思っているので、学生時代にアメリカ留学していたというジローは、格好の連れだった。

まずロサンゼルスに行った俺たちは、ジローの提案で車を買った。

アメリカを自由に回るには、どうしたって車が必要だが、グリーンカードを持つジローは、すぐに車を買うことができる。

中古車ならレンタカーを借りるより安上がりだし、自分の車だから気兼ねなくていいというのがジローの言い分で、俺もなるほどと納得した。

早速、二十万円で中古車を買ったのはいいが、車の見栄えに憧れのあった俺は、二十数年前のキャデラックを購入。

一リッター三キロくらいしか走らないので、ガソリン代がかかって困ってしまった。

でも、まあ、日本よりはずっとガソリン代も安いしと、俺たちは軽快にキャデラックを飛ばし、あちこち観光して回ったのだった。

けれど三ヶ月ほどすると、それにも飽き、大自然を見たくなった俺たちは、車を売り飛ばしてアイダホへと向かった。

そして、どこかに安いホテルでもないかとウロウロしていると、大きなトラックが停まった。

「チャイニーズ？」

「ノー。ジャパニーズ」

アメリカでの会話は、大抵ここから始まる。

何をしているのかと聞かれたので、ホテルを探していると答えると、この辺りのホテルは良くないから自分の家に泊めてあげると言う。

「殺されるんちゃうか？」

アメリカで知らない人の家に泊まるなんて、と思った俺は言ったが、ジローは笑って取り合わない。

「洋七さん、気にしすぎだよ。大丈夫、大丈夫。ファーマーって言ってるから」

それで俺たちはトラックに乗せてもらい、彼の家に行くことにした。

ところが、すぐそこだと言っているのに、さっぱり辿り着かない。

「やっぱり殺されるぅ～」

俺は怯えていたが、四十キロ程も走ってようやく着いた所は、別に悪の巣窟《そうくつ》ではなく、間違いなく大農場だった。

十七、八人もの大家族で牛を飼い、ジャガイモを育てているという。

ホッとした俺は、たちまち調子に乗って、言葉は分からないので煙草を鼻の穴に突っ込む、ベタなギャグをやってみせたりする。

ところが、アメリカにはそういうギャグがないのか、それとも大変な田舎だから知らないのか、やたらに大受け。

すっかり家族に気に入られ、ものすごく分厚いステーキや、揚げたてのフライドポテトにビールでもてなされたのだった。

翌日、俺たちが泊めてもらったお礼に、農家の仕事を手伝うと申し出ると、ちょうどジャガイモの収穫期だから手伝ってくれると助かるとのことだった。

「アイダホまで来て、芋掘りするとはなあ」

と思った俺だったが、さすがアメリカ。芋掘りもスケールが違う。

果てしなく続くジャガイモ畑を、巨大なトラクターのような機械に乗って、ガ

ラガラ、ガラガラと進み、イモを掘り起こしていくのである。

そして、後ろから来たトラックが、それをガーッと積んで運んでいく。

ここのジャガイモは、ポテトチップやデンプンなどに加工するための原材料だから、大きいとか小さいとかの選別もない。

大小の様々な形をしたジャガイモが、巨大なトラックに、どんどんどんどん積み上げられていく様は壮観だった。

しかも、畑の端から端までは、そのトラクターのような機械で四時間もかかるのだが、機械の操作は初心者の俺にもできるほど簡単で、俺は青い空の下、ただただガラガラという音を聞き、ジャガイモが掘り起こされていくのを見ているだけ。

そして、お昼時になると、自家用の小さなヘリコプターでお弁当が運ばれてくる。

「世の中って、広い――――――――――――――――っ！！！」

俺の感想は、これに尽きた。

世界は広い。

俺が狭い日本で、なんとかネタをひねりだし、テレビ番組の台本を暗記しようとあくせくしている間中、ガラガラ、ガラガラ、ジャガイモを収穫している人もいたのだ。

そして、テレビ局をかけずり回っているよりも、青空の下でジャガイモを収穫しているほうが、ずーっと人間らしい暮らしに思えた。

俺は、幼い頃の佐賀での暮らしを思い出す。

ばあちゃんと一緒に、川から水をくんで風呂をわかし、かまどに火をくべて米を炊いた日々。

あの頃の俺は、うんと貧乏だったけれど、今よりずっと豊かだったように思えたのだった。

「旅行はいつまでなの？」

大農家の家族に聞かれると、

「明日には出発しないとな」

俺は答えるのだが、なぜかこのジャガイモ畑を離れがたく、「明日には」「明日

には」と思いながら十日ほども居着いてしまった。

「お前たちの明日は長いなあ」

この大家族一番の長老のおじいちゃんが俺たちに言った。

そして、

「もし行くところがなかったら、ここにいていいんだよ」

と続けた。

明日、明日と言いながら出ていかない俺たちに、何か事情があると思ったのだろう。

正直、俺はその時、

「ずっと、ここにいてもいいなあ」

と思った。

そして、お言葉に甘えて農場に居続けた。

大自然なんていうと聞こえはいいが、退屈じゃないの？　と思う人もあるだろうが、それなりにいろんな楽しみはあった。

まず、週に一回はトレインマーケットがやってくる。

これは、貨車十一両がいろんなものを積んでくる移動マーケットだ。

食料品はもちろん、服も洗面器も洗剤も、何でもここで買うことができる。

俺とジローは、トレインマーケットで中古のライフルを買った。

人に当たらないような場所で、早速、バババババッなんて撃ってみると、西部劇の登場人物になった気分で楽しい。

西部劇といえば、こんなこともあった。

ある時、ヘラジカの大群がカナダへ移動していく風景に出くわした。

思わず自然動物園かと思った俺とジローだったが、一緒にいた大農場の家族はいきなり鹿を撃つ。

そしてホクホクの笑顔で車に積んで帰り、皮を剥《は》いで肉を焼き、宴会が始まったのだった。

まさに、西部劇のカウボーイのような世界に、俺たちはあっけにとられたものだ。

それから、バーに連れていってもらったこともあった。

これも本当に、昔、西部劇で見たまんまのイメージで、パタンパタンする扉を

開けて中に入り、カウンターでドリンクを注文する西部劇とひとつ違うのは、馬でなく車で行くこと。『近くのバー』というけれど二十キロくらい離れていて、当然、帰りは飲酒運転だった。

そして、俺の何よりの楽しみは、夕飯の後、長老のおじいちゃんとその奥さんの話を聞くことだった。

もちろん、ジローの通訳を通してだったけれど、俺はこの老夫婦から本当にいろんな話を聞いた。

ある時は、なぜアメリカ人が人と別れる時、オーバーアクションになってしまうかという話をしてくれた。

おじいちゃんが言うには、それはアメリカの広大な国土のせいだという。

今でこそ交通が発達して、車や飛行機であっという間に移動できるが、昔は幌馬車で何日もキャンプしながら新しい土地へと移った。

だから、どこか別の町へ行くと聞いたら、それはもう永遠の別れを覚悟しなければならない。

それで、別れがオーバーアクションになる。そして、もし再び会えたら、さらにオーバーアクションになるというのだった。

そして、またある夜の話は、なぜ銃を持つかについてだった。

おじいちゃんが言うには、銃を持つにはいろんな意味があると言う。動物を撃って生きる糧《かて》にするためであったり、不意の敵に立ち向かうためであったり。

けれど、いずれにしても銃を持てば、人は十倍も強くなったような気持ちになれる。そして、大自然の中にひとりいても寂しくない。

だから、人生において銃を捨てることは、そんなに簡単なことではないのだとおじいちゃんは言うのだった。

そしてある日、おばあちゃんがこんな話をしてくれた。

「私はね、ものすごくこの農場の暮らしが好きです。なぜなら、おじいちゃんがものすごくこの農場を愛しているから。おじいちゃんは、牛を飼いジャガイモを育てるのが大好きで、いつもニコニコしています。ニコニコしているおじいちゃ

んを見ていたら、私も農場が大好きになりました。あなたもワイフがいるんなら、あなたの仕事を愛しなさい。仕事を愛しているあなたを、ワイフもきっと愛してくれますよ」

この話を聞いたとき、俺は嫁さんを思った。

そして、俺の仕事について考えた。

すごく昔のことのように思えるけれど、俺にもそんな風にニコニコと仕事をしていたときがあったような気がした。

そうだ！　花月だ!!

『うめだ花月』で初めて働いた日、俺は舞台が面白くて、それを見ているお客さんがニコニコしているのが嬉しくて、最高の職場だと思ったじゃないか。

俺がニコニコと頑張りたいと思ったのは、漫才だった。

嫁さんが、「あんなん、なり」と言ったのも、漫才だった。

でも、俺はいつの間にかニコニコ笑わなくなった。

漫才師じゃなくて、タレントの仕事を、必死でこなしていたからだ。

「帰ろう」

俺は、思った。

嫁さんや家族の待つ、日本に。

ここで牛を飼い、ジャガイモを育てるのも素晴らしい人生だけれど、やっぱり俺がニコニコできる仕事は漫才師だ。

それに、ここには、ニコニコ頑張る俺を愛してくれる嫁さんはいない。

俺は、二十日間いたアイダホの農場を後にした。

そして、この四ヶ月間のアメリカ滞在が、俺の長い休養生活の最後の旅となった。

# 〜エピローグ〜

あれからさらに、長い年月が流れた。

アメリカで、『漫才師をやっていこう!』と決意したものの、休養中にお笑いの世界もいろいろと変化していて、再び舞台に戻るのは、そう容易《たやす》いことではなかった。

けれど、俺はもう迷わなかった。

テレビ番組を何本持っているとか、ファンが何人いるとか、そんなことよりも、お客さんに笑ってもらえる芸人でありたいと思っていた。

そして有難いことに、そんな俺の気持ちを吉本興業が理解してくれて復帰。洋八とのB&Bを再結成し、今ではあの大好きだった花月で、また舞台に立っている。

さて、俺は今日、あの八千万円で買った所沢の家を離れ、佐賀に建てた新しい家へと向かう。

いつかは懐かしい佐賀に家を持ちたいと思っていたのだが、嫁さんのお母さんが倒れ、介護が必要になったことをきっかけに、引っ越すことにしたのだ。

「忘れ物、ないか見てくる」

嫁さんが二階へ上がっていくと、俺は既に荷物を運び出し、ガランとした家の中を見渡した。

「この家にも、随分世話になったなあ」

俺の脳裏に、いろんな思い出が過《よ》ぎる。

この家に引っ越してきた日のこと。

ビートたけしと遊び回り、半年ぶりにこの家に戻ってきた日のこと。

それから、逗留中の伊香保の温泉から、夜中にこっそり帰ってきた日のこと。

まるで昨日のようなのに、ずーっと昔のような気もする。

「さようなら。今まで、どうもありがとう」

俺は、長い間お世話になった家に声をかけた。

と、二階から嫁さんの呼ぶ声がする。

「お父さん、大変！　ちょっと来て！　大事なもの、忘れてた!!」

上がってみると、なんと、押入の側にあのトランクがポツンとあるではないか！

「なんで、こんな大切なもの、忘れてたんや」

「おかしいなあ。ちゃんと、見たはずなのに」

口々にそう言いながら、俺とりっちゃんは懐かしいトランクに手を触れる。

「ごめんね。忘れたりして」

と声をかけながら。

すると、

『わたしも最後まで、連れていってください』

俺には、トランクがそう言ったような気がした。

（うん、一緒に行こうな。家族だから）

俺は、心の中で、トランクにそうつぶやいたのだった。

「そろそろ、行きましょう」

嫁さんに促され、俺たちはトランクを抱え玄関へと向かう。

「よう家出なんかしたよなあ」

「そうやね。でも、黄金の家出やったよ」

「うん、そうやな。俺たちにとっては黄金の家出やった」

そんな風に笑い合いながら、俺とりっちゃんは、ふたりで思い出のトランクを引っ張ってトラックに乗せた。


天国のばあちゃん、見ていますか。

俺とりっちゃんは今日、佐賀へ帰ります。

ふたりでひとつのトランクに、楽しかったこと、つらかったこと……家族の思い出をいっぱい詰め込んで。

この作品は徳間文庫のために書下されました。

徳間文庫をお楽しみいただけましたでしょうか。どうぞご意見・ご感想をお寄せ下さい。
宛先は、〒105－8055　東京都港区芝大門2－2－1　㈱徳間書店「文庫読者係」です。

徳間文庫

# がばいばあちゃんの
# 幸《しあわ》せのトランク



2006年1月15日 初刷

著者 島《しま》田《だ》洋《よう》七《しち》
発行者 松《まつ》下《した》武《たけ》義《よし》
発行所 東京都港区芝大門二―二―二 〒105―8055
株式会社 徳間書店
電話 編集部〇三(五四〇三)四三五〇
販売部〇三(五四〇三)四三二四
振替 〇〇一四〇―〇―四四三九二
印刷
製本 図書印刷株式会社

〈編集担当 丹羽圭子〉

ISBN4-19-892361-2 (乱丁、落丁本はお取りかえいたします)

徳間書店

佐賀のがばいばあちゃん　島田洋七
がばいばあちゃんの笑顔で生きんしゃい！　島田洋七
がばいばあちゃんの幸せのトランク　島田洋七
カリスマ上　新堂冬樹
カリスマ下　新堂冬樹
闘う女。　下関崇子
熱球　重松清
史記1覇者の条件　司馬遷　市川・杉本訳
史記2乱世の群像　司馬遷　奥平・久米訳
史記3独裁の虚実　司馬遷　丸山・守屋訳
史記4逆転の力学　司馬遷　和田・山谷訳
猫好きのおもしろ話　鈴木真
犬好きのおもしろ話　鈴木真
饗宴　末廣圭
秘匿　末廣圭
灼熱　末廣圭
悲鳴　末廣圭
疼き　末廣圭
滾り　末廣圭

女たちの秘戯　末廣圭
女たちの蜜宴　末廣圭
人妻酔い　末廣圭
人妻盗み　末廣圭
人妻惑い　末廣圭
溺れ愛　末廣圭
女体リコール　末廣圭
睦み愛　末廣圭
火照り　末廣圭
純潔妻　末廣圭
魅せる肌　末廣圭
豹変　末廣圭
エール　鈴木光司
父子十手捕物日記　鈴木英治
父子十手捕物日記　春風そよぐ　鈴木英治
父子十手捕物日記　一輪の花　鈴木英治
父子十手捕物日記　蒼い月　鈴木英治
選挙参謀　関口哲平
ぼくらの悪魔教師　宗田理

ぼくらの特命教師　宗田理
ぼくらの魔女教師　宗田理
一攫千金大作戦　宗田理
ぼくらの失格教師　宗田理
ぼくらの第二次七日間戦争　宗田理
再生教師　宗田理
ぼくらの第二次七日間戦争　グランド・フィナーレ！　宗田理
至福　現代小人伝　曽野綾子
黎明　曽野綾子
今日をありがとう　曽野綾子
必ず柔らかな明日は来る　曽野綾子
闇与力おんな秘帖　多岐川恭
かどわかし　多岐川恭
色懺悔　鼠小僧盗み草紙　多岐川恭
色仕掛　闇の絵草紙　多岐川恭
春色天保政談　多岐川恭
色仕掛　深川あぶな絵地獄　多岐川恭
江戸の敵　多岐川恭
用心棒　多岐川恭

流星航路　田中芳樹
戦場の夜想曲　田中芳樹
夢幻都市　田中芳樹
ウェディング・ドレスに紅いバラ　田中芳樹
アップフェルラント物語　田中芳樹
銀河英雄伝説[1]黎明篇　田中芳樹
銀河英雄伝説[2]野望篇　田中芳樹
銀河英雄伝説[3]雌伏篇　田中芳樹
銀河英雄伝説[4]策謀篇　田中芳樹
銀河英雄伝説[5]風雲篇　田中芳樹
銀河英雄伝説[6]飛翔篇　田中芳樹
銀河英雄伝説[7]怒濤篇　田中芳樹
銀河英雄伝説[8]乱離篇　田中芳樹
銀河英雄伝説[9]回天篇　田中芳樹
銀河英雄伝説[10]落日篇　田中芳樹
陰陽道☆転生安倍晴明　谷恒生
闇斬り稼業　谷恒生
闇斬り稼業 秘事　谷恒生
闇斬り稼業 妖淫　谷恒生

---

闇斬り稼業 姦殺　谷恒生
新宿餓狼街　谷恒生
新宿暴虐街　谷恒生
闇斬り稼業 蕩悦　谷恒生
新宿砂楼街　谷恒生
闇斬り稼業 情炎　谷恒生
蒼竜探索帳　谷恒生
淫鬼 警視庁歌舞伎町分室　谷恒生
一心剣　田中光二
薩摩隠密行 一心剣　田中光二
秘剣独眼竜 一心剣　田中光二
霧丸斬妖剣 一心剣　田中光二
欲望産業[上]　高杉良
欲望産業[下]　高杉良
銀行人事部　高杉良
社長解任　高杉良
大脱走　高杉良
管理職降格　高杉良
明日はわが身　高杉良

---

対決　高杉良
挑戦つきることなし　高杉良
懲戒解雇　高杉良
王国の崩壊　高杉良
小説 新巨大証券[上]　高杉良
小説 新巨大証券[下]　高杉良
小説 消費者金融　高杉良
《新版》欲望産業〈小説・巨大消費者金融〉[上]　高杉良
《新版》欲望産業〈小説・巨大消費者金融〉[下]　高杉良
勇者たちの撤退　高杉良
労働貴族　高杉良
商社審査部25時　高任和夫
心いかに生きたらいいか　高田好胤
心いかに生きたらいいか《新装版》　高田好胤
まごころ説法　高田好胤
刻謎宮　高橋克彦
刻謎宮II[上]光輝篇　高橋克彦
刻謎宮II[下]渡穹篇　高橋克彦
超古代文明論　高橋克彦 南山宏

徳間書店

かくも美しきエロス　徳間文庫編集部（編）
煌めきの殺意　徳間文庫編集部（編）
男たちのら・ら・ば・い　徳間文庫編集部（編）
剣光、閃く！　徳間文庫編集部（編）
闇の旋風　徳間文庫編集部（編）
逢魔への誘い　徳間文庫編集部（編）
密やかな匂い　徳間文庫編集部（編）
禁書　徳間文庫編集部（編）
あやかしの宴　徳間文庫編集部（編）
耽溺れるままに　徳間文庫編集部（編）
大江戸豪商伝　童門冬二
明治天皇の生涯[上]　童門冬二
明治天皇の生涯[下]　童門冬二
まろほし銀次捕物帳　鳥羽亮
丑の刻参り　鳥羽亮
閻魔堂の女　鳥羽亮
死狐の怨霊　鳥羽亮
滝夜叉おこん　鳥羽亮
柳生連也斎　決闘　十兵衛　鳥羽亮

柳生連也斎　死闘　宗冬　鳥羽亮
柳生連也斎　激闘　列堂　鳥羽亮
身も心も　堂本烈
晴明百物語　富樫倫太郎
アウトリミット　戸梶圭太
駿河城御前試合〈新装版〉　南條範夫
財閥未亡人の誘惑　南里征典
美人理事長・涼子　官能病棟　南里征典
オフィス街の妖精　南里征典
欲望の裸体画　南里征典
赤い薔薇の欲望　南里征典
艶やかな情事　南里征典
密命誘惑課長　南里征典
葉隠　奈良本辰也
無法おんな市場　南原幹雄
御庭番十七家　南原幹雄
江戸おんな時雨　南原幹雄
おんな用心棒　南原幹雄
おんな用心棒　異人斬り　南原幹雄

御三家の黄金　南原幹雄
御三家の犬たち　南原幹雄
御三家の反逆　南原幹雄
残月隠密帳　南原幹雄
徳川御三卿　南原幹雄
怪奇・怪談時代小説傑作選　縄田一男（編）
誤認逮捕　夏樹静子
家路の果て　夏樹静子
重婚　夏樹静子
国境の女　夏樹静子
死刑台のロープウェイ　夏樹静子
ベッドの中の他人　夏樹静子
あしたの貌　夏樹静子
ビッグアップルは眠らない　夏樹静子
アリバイの彼方に　夏樹静子
訃報は午後二時に届く　夏樹静子
黒白の旅路　夏樹静子
死なれては困る　夏樹静子
死鎌紋の男　鳴海丈

# 大好評既刊!!

## 佐賀の がばいばあちゃん

昭和三十年代、田舎にあずけられた八歳の少年と、がばい（すごい）ばあちゃんの、笑いあふれる貧乏生活。ビートたけし、黒柳徹子各氏絶賛、話題のロングセラー！

# ばあちゃん

島田洋七　絵・伊波二郎（四六判ハード）

**「自信をもちんしゃい！**
**うちは先祖代々の貧乏や」**

㊙がばいばあちゃんが、絵本になりました。
カラーイラスト満載で、プレゼントにも最適です！